幸福的孩子学习好

【韩】徐皙暎　著
千太阳　译

求真出版社

图书在版编目（CIP）数据

幸福的孩子学习好 /（韩）徐晳暎著；千太阳译. —北京：求真出版社，2013. 12

ISBN 978-7-80258-212-5

Ⅰ. ①幸…　Ⅱ. ①徐… ②千…　Ⅲ. ①儿童教育—家庭教育 Ⅳ. ①G78

中国版本图书馆 CIP 数据核字（2013）第 289921 号

幸福的孩子学习好

著　　者：（韩）徐晳暎
译　　者：千太阳
责任编辑：李　爽
出版发行：求真出版社
社　　址：北京市西城区太平街甲 6 号
邮政编码：100050
印　　刷：北京市凯鑫彩色印刷有限公司
经　　销：新华书店
开　　本：880×1230　1/32
字　　数：170 千字
印　　张：8. 125
版　　次：2014 年 1 月第 1 版　2014 年 1 月第 1 次印刷
书　　号：ISBN 978-7-80258-212-5/G · 24
定　　价：23. 00 元
编辑热线：（010）83190273
销售服务热线：（010）83190297　83190289　83190292

序
preface

父母们都希望自己的孩子能够学习好。但是孩子们只有在幸福的时候才能够学习好。哪怕是为了让孩子们学习好，也必须要让孩子们幸福。

我们要从此处着眼寻找一种方法，那就是提高孩子们的幸福指数让他们学习变好，同时由于学习变好而更加幸福——就是这样的令学习与幸福交替攀升的一种方法。这就是我开始学习“妈妈功课”的契机。

让孩子们变得幸福，同时又可以好好学习的方法就存在于他们的日常生活和习惯中。就时期上来看，初步形成生活习惯的小学阶段是效果最显著的时期。因此本书也把焦点放在了孩子正在上小学的父母的身上，帮助他们寻找可以在生活中使用的方法。

我自己也是一个养育孩子的妈妈，是一个无法抛开孩子的幸福以及学习问题而生活的妈妈，是一个总是要考虑到孩子的幸福的童话作家。通过我自己职业方面的感悟，以及一边指导孩子一边积累起来的经验，再加上这段时间里遇到的一些事例，来寻找解决问题的办法。

但是，我并不认为本书中介绍的内容就是正确的答案。因为可能对某些孩子来说是很好的方法，但是并不一定适合所有的孩子。

对孩子的教育是让他们获得睁开眼睛去看世界和用自己的耳朵去倾听世界的方法，他们需要一辈子不断地去思考去学习，而做父母的则必须要找出适合教育自己的孩子的方法。

但是，没有必要因为我说没有正确答案就失望。因为这样一来，妈妈们就应该带着更大的好奇心以及更强的创造力去热情地寻找适合自己孩子的方法。

就这一点来看，妈妈们要做的工作好像更接近于艺术，而不是科学。用做艺术的快乐以及热情去规划并且实践与孩子们一起度过的时光，就会创造出这个世界上独一无二的“艺术品”。

希望本书可以为“艺术品”的创造提供具体实际的帮助。

现在只要打开门，就会看见去某个地方学习的孩子们。每当看见他们，我就下决心为了孩子们的幸福要更加努力地去学习“妈妈功课”。

希望这个世界上所有的孩子们明天可以变得更幸福。

目录
contents

II 看似微小的精彩，却是孩子们大大的快乐 / 043

Ⅲ 好习惯！好习惯！/ 095

Ⅳ 嘘！优等生的秘诀 / 147

I

挖掘出家中那条"爱河"很重要

河的一端是你，
另一端是孩子，
必须要让河水流动起来，
如此，
才能让孩子知道，
你爱他。

1. 不要不平衡，父母的确是要为孩子服务的

我们的客户就是孩子，我们需要经营管理的就是子女的教育问题。

这个世界上的父母们，为了自己的孩子可谓是倾尽了心力。如果孩子生病了我们就睡不着觉，简直比孩子自己还要难受还要痛苦。父母为了孩子奉献了自己的一生，但是却从来不要求什么回报，唯一的渴求只不过是希望自己的孩子可以一生顺利。在“为人父母者”身上映现出的是最纯洁的“服务精神”。

但是，就是这样伟大的“服务精神”也会在时光的流逝和生活的磨折中日益无味。因此，很多时候父母们需要重新思考“服务的价值”，只有这样，才能为孩子提供他们真正需要的服务。

要为孩子提供更好的服务，并不是说要卖力地为孩子打杂或者是为他们收拾烂摊子，也不是说只要孩子想要的就去满足

他们。事实上，就这一点来看，韩国的父母们可谓已经超越了极限。

孩子对于父母来说是含在嘴里怕化了的宝贝，为了自己的孩子上刀山下火海都毫无怨言，然而，如果是带着这样的决心进行无条件的付出，就很有可能将“爱”变成一种“牺牲”——父母成了孩子的奴隶，同时也在不知不觉间把孩子克隆成他们自己。因此，对孩子的爱其实需要科学地管理。身为父母当然要为孩子服务，但我所说的这一种服务，必须要仔细研究一下它的作用，看一看在把孩子培养成一个健康的社会人以及在教会他们寻求幸福的方面能否起到帮助作用。

还有一个事实是，虽然父母们都在进行着种种努力来使自己成为优秀的家长，但是这事儿并不是你下定了决心就可以做得到的。

经常有被那种为人父母的责任感压抑到辛苦疲惫的时候。也会因为孩子上火、烦躁、暴跳如雷。孩子出生时就像得到了整个世界一样的欢喜早已经不知道去了哪里，取而代之的是不耐烦。在我看来，这样的情况都是服务精神跌到低谷的表现。为了重新找回服务的热忱，有时候我会一边洗抹布一边对自己说：

“没错，父母是要为孩子服务的。身为父母，应该有源源不断的力量。就像百货商店里的服务员为顾客服务一样。难道他们就不会遇到不高兴的事？难道他们就不会厌烦吗？即便如此，为了顾客也必须要忍耐，要努力。我也必须要为了我一辈子的顾客——我自己的孩子而更加努力才行！”

这是我自己为了“振作服务精神”所做的功课。

如果还没有从辛苦和烦恼中解脱出来，另一个办法是从一些服务类企业的宣传语中获得力量。譬如：“倾听顾客的话”，“经常站在顾客的立场上思考”，“在秩序中寻找变化，同时要在变化中遵守秩序”，“仔细的管理与系统化的经营是成功的钥匙”，等等。这些企业口号与经营策略是可以应用到家庭中的——我们的客户就是孩子，我们需要经营管理的就是子女的教育问题。

时常振奋自己的精神，时刻葆有良好的心态，让自己可以真挚地倾听孩子说话，让自己可以站在孩子的立场上平静地思考，让自己思考怎样做才能够在日复一日的生活中给孩子不一样的快乐——总之，让我们体内的服务精神重新焕发生机。

服务精神是对子女爱的实践，是一条与他们实施良好沟通的道路，同时也能缔造出幸福的孩子。

当然，服务精神的好处并没有到此为止，它还能使你的孩子在更多的地方表现出色。实际上我从我的孩子学习英语的过程中就感受到了这一点。为了不让孩子一辈子都因为英语不好而战战兢兢地生活，我下定决心要奉献我所有的时间、努力与热情来为孩子服务，让孩子从英语学习中获得快乐和信心。

当我陪同孩子一起从英语学习漫长的隧道中走出来的时候，我明白了两个道理：其一是父母真诚的服务可以让孩子更好地成长；其二是，虽然我的个体是这世间多么平凡的微不足道的存在，但是我被赋予的母亲的身份却给了我无穷无尽的力量，让我变得伟大和耀眼。

然而，并不是说只管单一地让孩子们从父母这里接受服务，事实上，孩子是懂得回报的，父母奉献的爱，能从孩子那里得到同等价值的服务，甚至更多。

我家老二还在上幼儿园的时候就知道给大人递鞋子，如果有人从外面回来，她会赶紧把舒服的鞋子拿来放在脚边；如果我在看 9 点新闻的时候说看不清字幕或者是被她发现我眯起眼睛，她就会快速地找到我的眼镜拿来；如果我躺在床上看书先睡着了的话，她一定不会吵醒我，而是轻轻地把我手里的书拿走，把我看的页码折好，给我盖上被子，帮我熄灯然后出去。到客厅里以后还会小声地对其他人说："妈妈睡着了，都安静点。"这样令人感动的瞬间就是她力所能及为我提供的最好服务。

得到这样贴心的服务是非常幸福的！我会为曾经因照看孩子而产生的厌烦感到羞愧，并下决心再不对他们发火。在那一刻，我告诉自己要更好地为我的孩子们服务，让他们也感到同样的幸福。

2. 民主的家庭让孩子感到轻松

如果深入家庭内部观察，就会发现父母们仍旧带着家长式的思考方式，我们会不自觉地居高临下地看待孩子。

对于一个家庭来说，民主与平等的气氛是至关重要的。

家中每一个成员的权利、需要以及愿望都要被充分尊重，不给任何人特权，在这样的家庭里成长的孩子往往会产生更多的幸福感。

虽然这样的理论已经不新鲜，但是“说”跟“做”常常并不完全统一。如果深入家庭内部观察，就会发现父母们仍旧带着家长式的思考方式，我们会不自觉地居高临下地看待孩子；有不少爸爸仍停留在男性优越主义层面上，也有很多妈妈在心理上、物质上过分依赖丈夫。

要知道，夫妇是行走在同一条道路上的伴侣，理应执子之手，相互抚慰着、鼓励着走下去，而不是一个独裁一个依附，或者不停地彼此指责和争吵。在一个没有民主平等气氛的家庭里，孩子如何会成长为一个民主的人呢？他长大之后，也不易与别人形成友善的、和谐的关系。

听听年幼的学生们之间的对话，不出几分钟就会显现出一些不那么民主的端倪。虽然小男孩都很年轻，但是已经开始摆起架子，即将掉进大男子主义的漩涡；有很多小女生则被必须要漂亮、要温柔的罗网禁锢起来，展示出一副没有个性的模样。通过孩子们的言行就可以很清楚地看出一个家庭的民主化程度和平等指数。

要想让孩子们在家庭中学习到什么是平等，爸爸们大概应该要比现在更加温柔些，妈妈们则必须要更加坚强和独立。从这个角度来说，现在年轻人中流行的“Miss Strong”、“Mr. Beauty”的倾向值得欢迎，这是改变“男尊女卑”观念的信号。

在韩国，爸爸们有着自己鲜明的性格特点——即便妻子也外出工作，他们的意识里也觉得妻子应该承担大部分的家务劳动。但是，他们却又希望自己的女儿不会受到性别差异的影响，能够像公主一样不受任何委屈地生活。

在一家知名企业上班的忠浩喜欢“温柔的女人”，他的运气非常好，遇到了一位像天使一样温柔善良的女子，他们结了婚并且生了两个女儿。然而，虽然他喜欢女人温柔和顺，但是却不喜欢女儿总拿着洋娃娃玩，也不能接受自己尽心尽力养育的女儿长大之后要为家务操劳或者要依赖她们的丈夫生活。因此，忠浩把女儿们的娃娃抢走，给她们买了机器人。到了周末的时候就让她们骑自行车或练习直排轮滑来锻炼身体，鼓动她们玩一些男孩子们的游戏。

“我希望我的女儿们能够像担任过美国国务卿的康多莉扎·赖斯一样，那是个坚强的女性，拥有非凡的魄力，好像整个世界都在掌控之中。”

虽然对女儿们寄予了这样的期望，但是忠浩还是希望自己的妻子仍然保持现状，能很好地照顾婆家人，具有惊人的忍耐力，把处理家中大小事务当做自己最重要的工作。他常常夸耀自己的妻子，所以在朋友们聚会的时候，如果有人讲一些夫妇平等的话，他就会半真半假地说：

“不要闹了，我家仍然是朝鲜王朝时期啊，不要想用这样的话来破坏我的家庭。”

他的双重性格在孩子们长大之前是没有什么影响的。因为就像他所期望的一样，家庭非常的“和睦”。

但是，好景并不长久，当女儿们开始长大并进入青春期时，忠浩开始头疼。女儿渐渐变得叛逆，她会质问他：“爸爸为什么不民主?”也会气恼地问：“妈妈为什么要这样生活?”忠浩在转述这些话时露出苦涩的表情，给自己倒了一杯酒。

坦率地说，从很久以前，我就期待他的“王朝”赶快倒塌。如果父母们不主动改变，终有一天也会这样被子女质问。

妈妈们也需要自我觉悟、自立自强、自己谋求变化，尽可能地展现自己的能力。这不仅仅是为了自己，更是构建一个幸福家庭的基础。

3. 爱读书的父母会给孩子的幸福指数加分

有很多父母可能会抱怨自己的孩子不爱读书，他们“想尽办法”也没能让孩子安心地坐下来沉浸到书的世界里去。其实很简单，只要父母也坐下来读书，自然就能带动孩子。

相较而言，爱读书的父母大多都很宽容。由于在书中见识了人间万象，充盈了自己的人生经历，所以在对待子女的时候也更有包容力。爱读书的父母是不会落后于时代的，他们能快速跟上变化发展的时代步伐，因为书籍在不断地对他们进行着再教育，更新他们的知识与眼界。爱读书的父母本身就是幸福的，他们用书籍带给他们的快乐来丰富和慰藉自己的内心，让内心变得温暖平和。并且，由于幸福具有着强大的感染力，所以在这样的父母怀抱中长大的孩子也会感到幸福。

在孩子幼年时，他们接触最多的就是自己的父母亲，他们热衷于模仿父母的行为，一切都想要跟父母相似，因此，孩子的读书习惯也是这样跟着爱读书的父母耳濡目染形成的。父母爱读书，孩子自然而然地就会跟书做朋友，这种“友情”还会一步步加深，愈来愈紧密，愈来愈牢不可破，渐渐地，书籍就会成为他们一辈子的朋友。

在漫漫人生中，还有什么比得到一辈子的朋友更有意义的事情吗？

这位朋友总是敞开心扉等待着我们，总是抓着我们的双手引导我们，拥有这样贤明的朋友是多么幸运的事。从这一方面来看，读书的习惯是父母给自己孩子的最珍贵的礼物、最贵重的财产。

从投资的层面上来看，帮助孩子养成读书的习惯真比其他任何一种产品的收益率都高。做父母的不都期望着自己的孩子学习成绩优异吗？而广泛的阅读一定能带动孩子的学习兴趣和学习成绩，这是不争的事实。

有很多父母可能会抱怨自己的孩子不爱读书，他们“想尽办法”也没能让孩子安心地坐下来沉浸到书的世界里去。其实很简单，只要父母也坐下来读书，自然就能带动孩子。孩子年幼时期的经历以及记忆可以决定他们与书籍的亲密度。从小就看着自己的父母读书的孩子，自然而然就与书籍很亲近，读过一些有趣的书之后就会知道读书的快乐。但是，如果是等到小学高年级时父母们才想起来要介绍书籍给孩子做朋友就比较难了，因为已经有漫画和电子游戏这样吵闹的不速之客闯进了孩子的心里，对于没有自制力的孩子来说，它们比阅读文字刺激好玩得多。

早期教育是时下整个社会的流行趋势，父母们都在认真地考虑让自己的孩子在小时候就多学些东西，是美术、音乐、英语，还是数学呢？科目是这样多，孩子们从小就被带着去这样那样的学院，忙得不亦乐乎。

但是我认为孩子们在上学之前最重要的就是培养读书的习惯。养成读书习惯的孩子学好国语比较容易，他们对于语言的理解能力以及阅读能力都相对较强，也能够很轻松地进行英语等其他科目的学习。读书的孩子不仅理解能力好，思考能力、逻辑推理能力也会随之增强，所以学到数学概念时就能够很轻松地接受。他们一边听着爸爸妈妈朗读儿童诗，一边看着绘本上的图画，通过听到的韵律培养乐感，熟悉节拍的强弱、长短，音调的高低，同时又会在脑海中描绘出无数画面，这是不折不扣的美术活动。因此，帮助孩子培养起读书的习惯是最重要、最有效果的早期教育。

那么，如果想要培养孩子的读书习惯，父母们具体应该怎样做呢？

第一，父母自己要经常读书。因为孩子都是看着父母的行动然后跟着去做，所以父母的模范作用非常重要。

第二，一直把书带在身边，时时刻刻为孩子读书，甚至在孩子识字可以自己读之后，也很有必要由父母念给他们听，一直到小学低年级为止。孩子听着父母给他们读书的声音，没有任何负担地享受书中的内容，可以顺畅地把听到的内容在自己的头脑中描绘成图画。而且，孩子会把这当成一种爱的表示，因为他们习惯于通过这种方式来确认父母对他们的爱。

第三，孩子们读的书，父母最好也要读。只有这样才能与孩子产生共鸣，才会产生共同的话题。针对书中内容的交谈渐渐变成讨论，有助于培养孩子的交流沟通能力、说服力以及逻辑分析能力。

看吧，能遵守这 3 条的父母大概就不会再有关于孩子不爱读书的怨言了。

4. 为孩子记下他们的语录

当你想到要为孩子记下他的语录，从做出这个决定的那个瞬间开始，妈妈们就会比往常更注意倾听孩子说的每一句话，而孩子会因为这种倾听的态度感到开心。

父母们一般都用照片或者录像来记录孩子的成长过程，因为不想漏掉孩子们美丽的模样，愿将它们留下来变成永恒的回忆。

但是，孩子们的成长并不仅仅是外表发生变化。曾经连“妈妈”都不会叫的孩子一句一句地学习说话，这同样是不能被疏忽的可爱又神秘的过程。

当我的第一个孩子开口学说话的时候，我就曾想过：“就这样让这段历程流失掉太可惜了，有没有什么方法可以把孩子说的话保存下来呢?”

想来想去最终决定把这些话都为她记录下来，在这之后我又为我家老二做了同样的事。那些稚嫩的话语是她们与这个世界最初的联系。

当然，这项工程持续 10 年差不多就会结束了，因为孩子们到了小学三四年级的时候已经基本上完全掌握了交际需要的语言，你会发现已经没有什么要特别记录的了，他们说的话和他们的想法几乎已经接近成人。

为孩子们制作语录是想保留一份回忆，但这绝不是唯一目的。在将孩子们说的话写下来的瞬间，纸上将会出现奇迹。因为这项工作中蕴含着非常强大的力量——

当你想到要为孩子记下他的语录，从做出这个决定的那个瞬间开始，妈妈们就会比往常更注意倾听孩子说的每一句话，而孩子会因为这种倾听的态度感到开心。也许你没发觉，有时候，仅仅是倾听也可以解决问题，因为，这种倾听让你终于理解了对方需要的是什么。在为孩子写语录的过程中，慢慢地，妈妈就能产生倾听孩子说话的力量，孩子们也非常感谢可以倾听自己说话的妈妈，他们从中感受到了幸福。而且，看着妈妈倾听自己的样子，孩子也能够培养起倾听别人说话的态度。

有时候会从孩子的口中跳跃出比诗歌还要美丽的句子，真正的诗人都没有想到过的话，从孩子那张小巧的嘴里珍珠一样闪了出来。

“孩子今天又会说什么样有趣的话呢？”“今天也会出现值得记录的话语吗？”因为有这样的期待，一边为孩子写语录，一边不知不觉地就对孩子的言行更加关注起来，也不会觉得与孩子在一起的时间漫长无聊，而是非常享受这样的时光。

语录也会带给孩子许多好处。

如果在孩子开始独立阅读之前经常为他们读一些他们自己曾经说过的话，那么孩子就会觉得将自己的话用文字记录下来是非常神奇的。

他们会嚷着“再给我读一些，再读一些”，从而对表达产生兴趣。孩子们看着自己说过的话被记录成文字，虽然还处于不能够认字的阶段，但是却能够认识到“文字”与“话语”的关系。孩子通过妈妈的指读知道了如果用文字把话语记录下来，就可以随时再重温那些话语，这会让孩子感受到文字的力量，也是让孩子与文字变得亲近的契机。这些语录也会成为培养孩子读书兴趣的垫脚石。

虽然孩子们不是很清楚妈妈为什么要记下自己说的话，但是他们会觉得这很骄傲，他们总是想着提醒妈妈记得要把自己的话变成文字，也想要尽可能地说更好的话，这是一种自发的要求，希望下次妈妈再读自己的语录的时候能有更有趣、更精彩的“作品”出现，有时候还会绞尽脑汁说一些很有水准的话好让妈妈记录在自己的语录里。这样做的结果是会促使孩子更快更好地学习语言，因此自然而然地就成为了一种说话教育。这种记录与倾听也会使孩子感受到自己正在受到尊重。他们来到这个世界还没有多长时间，有很多事都是他们所不知道的，这让他们有时感到不安，但从父母那里获得的尊重感可以令他们得到安慰，从而产生自信。那些语录让他们的小脸上写满了快乐，他们知道自己是主人公。

语录是孩子成长的历史，当孩子长大一些后，他们自己会悄悄地去翻看自己的语录，就像回到了幼年一样。他们一边读着自己曾经说过的那些有趣的话一边嗤嗤地笑着，还要把家人都叫过来共同分享自己的幸福。

“爸爸妈妈，快来看，我以前真的这样啊。我太可爱了！”

每当看到孩子沉浸在幸福中的模样，就会觉得这份语录真是妈妈留给孩子的意义重大的礼物。

有的妈妈可能会觉得“记录孩子说过的话”这样的工作繁琐又有负担，但是实际上这比给孩子拍照、摄影还简单，一点都不复杂。只是在与孩子说话的时候记得留心以下 5 个要点：

1. 不管孩子说的你认为重要还是不重要都要认真倾听。

2. 对于孩子说的话要用“是吗”或者“原来如此啊”这样的话来应答，充分地肯定他们，这样孩子在说话的时候才不会犹豫，畅所欲言。

3. 不要因为想要把孩子的每一句话都记录下来就打断他们。

4. 养成每天记录的习惯。那些没有及时记录下来的话要尽快整理，否则它们很快就会消失不见。

5. 要记录时间。除了写上年、月、日、星期几之外，最好也要写上孩子当前的年龄（例如：3 岁 3 个月），这会使今后翻看的时候更直观，比如会发出这样的感慨：“宝贝 3 岁多一点的时候就说过这样的话啊！”

分享我的珍藏语录

电闪雷鸣的日子

1992 年 6 月 24 日星期三（3 岁 3 个月）

“妈妈，为什么回来这么晚？”

“因为到市场里去买了点东西。”

“天上打雷了，田筝想跑回家。”

“后来呢？”

“后来就是不给开门，所以田筝就跟宇周哥哥一起哭了。”

“是这样啊。”

“田筝是坏孩子，不仅大声吵闹而且还让别人给她开门。”

在雪岳山公寓大厦里

1997年2月2日星期天(7岁11个月)

“妈妈，明天回家的时候，你要驾车路过迷失岭?”

“对呀。”

“一定要小心才行。”

“知道了。”

“因为坐车去与开车去是不一样的。”

……

“妈妈，因为现在天黑了我才说的。我有时候看到爸爸会害羞。”

“为什么啊?”

“因为我喜欢爸爸。”

5. 一直让孩子感觉到温暖吧

就像嫩芽必须有适宜的环境才能成长一样，对于幼小的孩子们来说，父母的爱和帮助是水是泥土是阳光。只有从父母那里感受到温暖才会让他们摆脱不安。

父母与子女之间流淌着一条爱的河流，在相互对望的时候、亲切聊天的时候或是拥抱的时候，都可以感觉到爱的波涛涌动。不要让这条河流成为一潭死水，在各自做各自的事情时，甚至是烦闷或者是发火时，也不要让它停止流动。

在某一天突然降临到这个世界的孩子在生命之初是孤独的。他们没有独立生存的能力，常常感到不安，没有妈妈的援助之手就无法生活，他们是柔弱的嫩芽。

就像嫩芽必须有适宜的环境才能成长一样，对于幼小的孩子们来说，父母的爱和帮助是水是泥土是阳光。只有从父母那里感受到温暖才会让他们摆脱不安，明白这世界是一个可以享受生活的地方，从而幸福地成长起来。

那么要怎样做才能让孩子感到温暖呢？

要经常给孩子拥抱。尤其是在孩子小的时候，他们非常喜欢被拥抱的感觉，因为爱的河流是通过体温来涌动的。还要用语言告诉孩子你爱他，孩子是希望经常听到父母说爱他的。

我家的老大已经上大学了。在外人看来，她是非常庄重严谨的一个人，但就是这样的孩子有时候也会问我：“妈妈你爱我吗？”坦率地说，听到这样的话我有点慌张——又不是开玩笑，实在是让人觉得幼稚，从已经长大了的孩子嘴里说出来也会让人觉得很肉麻——但是我会非常认真地对她说：“当然了！妈妈要是不爱你又去爱谁呢？”听到我这样说，她立刻就会眉开眼笑。因为总是沉浸在繁重的学业和做不完的课题中，很少看到她这么轻松的样子，但是，就是那一个瞬间，她笑得非常开心。看到那样的她，我一下子明白了，虽然父母爱子女是就摆在眼前的事实，但是这种爱除了要付诸行动，偶尔也不妨用话语表达出来。

所以即使觉得肉麻也试着对孩子说你爱他吧。如果还是开不了口，可以先试着小声说、用方言说、在他睡着了以后说——“妈妈非常地爱你呀”，经过这样的练习，总有一天会非常自然地说出爱他这样的话的。

当然，“爱”和“温暖”并不是仅仅停留在话语上，只不过话语具有呼唤出行动的魔力。每当说爱的话语的时候，就会引发爱的感情，从而产生出表达爱的行动。

还有，让父母与孩子之间充满温暖的气息，就必须勤于赞美。不断地发掘孩子身上值得赞美的地方，每一天至少要称赞他一次。

有的家长是很头疼这件事的，他们会说自己的孩子总是惹是生非，即便拿着放大镜也找不到可以称赞他们的地方。可这只不过是你没好好观察而已，或者总是对孩子抱有过大的期望，也可能是认为孩子们做的事情都无足轻重，所以才看不见孩子们身上那些可爱、可贵、可赞美之处。

想一想孩子还年幼的时候，哪怕是他们“可以自己坐在便桶上了”这样的事我们都认为是非常了不得的，是值得庆贺的！但是当孩子进入学校上学的时候，期望好像突然之间就变大了。由于期待值过高，所以觉得孩子总是不尽如人意、总在犯错、总是没有达到自己的要求，于是不断地对孩子挑剔发火，对所有的事情都轻率地做出判断，没有诚意。

仔细想一想，孩子从学校回来之后，把书包放到该放的位置上就是值得称赞的事情，把在学校吃午餐用的餐盒放到厨房里也是值得称赞的事情。有时候孩子忘了这些事我们就会大发雷霆，然而如果你能抑制住自己的脾气而努力想一些温暖的赞美的话，事件的走向就会大不一样：

“妈妈看到你的筷子上有饭粒，今天的饭一定吃得很好吧！今天吃什么了？”

如果父母首先这样搭话，孩子可能就会这样回答：

“炸酱饭。妈妈，对不起，我忘了把勺子与筷子放到厨房里了。”

“有什么好对不起的，谁都有可能犯这样的错误。”

只不过是在谈论饭菜而已，但接下来孩子可能就会说：

“妈妈，我去写作业。”

只是给予了细小的谅解，却能让孩子乖乖地去写作业，孩子愿意用主动学习的事让妈妈高兴，这就是他们的计算方式。

让上了一天课的孩子枕着自己的腿躺着，也是温暖孩子内心的一个好方法。孩子们总是匆忙地在学校、补习班、各种学院之间穿梭，但是让孩子枕着自己的腿躺着的瞬间，孩子就感觉到了悠闲。妈妈抚摸着孩子的头，轻轻地把额头上的碎发拂开，随便聊些什么，孩子就会感觉到无比幸福。

家人们偶尔躺在一个房间里盖着同一条被子睡觉也是一件很温暖的事。每一个人都关在各自的房间里有时候是很无趣的，在一个房间里会更深刻地感受到家人的存在。

如果家人们都聚集到孩子的房间里，孩子会像招待客人一样兴奋。相互挠背，或者是相互按摩，自由地滚来滚去，分享家人之间的温暖的气息。

生活日复一日，因此需要这样经常为家人之间的爱充充电。只有这样做，才会感受到不一样的每一天。试试吧，即使是最细小的行动也会让那条爱之河汹涌澎湃。

6. 要知道，唠叨既无效又令人厌烦

父母唠叨的最大的弊端就是会让孩子不愿意说话。当孩子把你说的话判断为唠叨的瞬间，他们就失去了与大人好好沟通的欲望。

字典上“唠叨”的意思是“说个没完没了”，而且说的多半都是让人不喜欢听的废话。但是大人们好像就喜欢对孩子唠叨。曾经非常讨厌听唠叨的孩子们，长大以后又会对自己的孩子唠叨。为什么会这样呢？

我认为那是因为父母们一直肩负着“好好引导孩子，让他们长大后能好好生活”这样的责任感一路走过来，就是这样的责任感与负担才让父母们总是不停地对孩子唠叨。让我们列举一下最近小学生们经常从父母那里听到的唠叨以及他们听到这样的唠叨时是怎样的心情——

父母唠叨 TOP 10：

1. 学习去！
2. 不要玩电脑游戏。
3. 不要再看电视了。
4. 不要剩饭。
5. 作业都写完了？
6. 不要不说敬语。
7. 不要想从辅导班逃课。
8. 整理整理书桌。
9. 不许说谎。

10. 快起床！

孩子听到唠叨时的心情：

厌烦想发火。

忍不住想顶嘴。

虽然觉得父母说得对，但是很伤心。

想快点长大成人。

变得忧郁。

羞愧。

意志消沉。

像掉进地狱。

——新闻调查资料：《读童话的家庭》

说起来唠叨的内容，自古至今大概都没什么变化，只不过现在添加了以前没有的电脑以及辅导班而已。

然而，对于“听到父母唠叨时的心情”这个项目的调查结果却让人很惊讶。看来这样的唠叨根本就没有什么效果，父母把唠叨当做了教育的过程，并对此抱有相当大的期待，但是徒劳无功。

父母非常用心的话语，为什么在孩子听来却是唠叨呢？

症结似乎出在同一个问题的不断重复上。由于说了很多次，所以孩子就把它看作是唠叨，就与之对抗。孩子越是对抗，父母就愈加不断地重复。这是一个感情拔河的过程，双方都十分烦闷和气愤，家长还会因为感到孩子无视自己而爆发。

像这样的令孩子讨厌又没什么效果的话，不如换一个方法来说怎么样？

孩子降生到这个世界上，父母有好好培养他们的责任和义务，但无法阻止孩子按照他自己的想法去生活！对孩子的教育应该去寻找使孩子听了不会厌烦，同时又能让他们的行为发生改变的方法。

方法的确是有的，比如：当唠叨想要脱口而出的瞬间，停止呼吸忍一个节拍；当唠叨想要从嘴里冲出来的时候就放上一个过滤网；当张开嘴要说话的时候，就告诫自己，必要的话就说，不必要的话就不说，然后忍住。如果不想自己费心说出来的话变成“不喜欢听的话”，如果不想让自己说出来的话变成“唠叨的话”，如果真心想把孩子引导到自己希望的方向上，我认为在管理孩子之前，先要管理好自己的嘴。

父母唠叨的最大的弊端就是会让孩子不愿意说话。当孩子把你说的话判断为唠叨的瞬间，他们就失去了与大人好好沟通的欲望。但是想要控制住唠叨的确是很难的，我们应该怎么做呢？

我找到的方法是：给“唠叨”戴上“面具”。方法很简单。只要把想说的话改头换面就可以了。把那些类似于“学习去”、“不要再玩电脑游戏”、“不要再看电视”等命令语气的话变成“现在去学习会有什么好处呢”、“如果总玩电脑游戏会有怎样的后果呢”这样的提问。先询问孩子的意见再提出自己的建议：“已经玩了很长时间的电脑游戏了，现在去写作业怎么样啊？”而且只说一遍，不要不停地重复。

要特别注意那些很反感父母用命令式语气跟自己说话的孩子，我打赌如果把命令换成建议，他们的态度立刻就会发生改变，因为他们从这种征询式的口吻中感受到了尊重，并且在自己做决定的过程中也会锻炼思考的能力以及创意力。当孩子们看到根据自己的判断获得好的结果的时候，他们也将变得更加积极主动。

终结唠叨，我认为这是一个可以让父母与孩子一起变得幸福的方法。

7. 合格的妈妈要让孩子吃早餐

不让孩子吃好早饭却希望孩子健康成长好好学习，与不给车子加油却抱怨车子不走没有什么区别。

如果想要身体健康就必须要吃早餐。然而，虽然这已经是个普及度很高的常识了，可仍然还有很多人不吃早饭。孩子也是如此。

当问及孩子们为什么不吃早餐的时候，他们竟然说出了让人吃惊的答案。

“妈妈不给做。所以我就只能不吃早饭就去学校了。”

由于是别人家的家务事，所以不好说什么，但是仍然感到很可惜。

“虽然不太清楚家里的情况，但是要是没什么特殊情况，还是应该让孩子吃了早饭再走呀。”

根据美国营养学会（ADA）的调查结果来看，早餐对于处于成长期的儿童以及青少年来说尤为重要。比起那些不吃早饭挨饿的孩子，吃早饭的孩子们的专注力以及学习能力、创造能力、眼睛与手的协调能力要高很多。由此看来，早饭不仅仅是关系到健康的问题，甚至关乎孩子的学习成绩。

韩国也曾经进行过关于“早饭与学习能力”的研究。根据农村生活研究所的调查结果，早饭甚至可以提高高考成绩。总是吃早饭的高考考生的成绩要比那些吃早饭频率每周低于2次的考生平均高19分（2002年对3612名大学生的调查）。

早饭是让大脑高速运转的油和燃料，不吃早饭的孩子就没有旺盛的精力投入学习。妈妈们应该带着“不吃早饭，大脑不会清醒”这样的想法，无论如何也要自己的孩子吃早饭。

当然，让孩子吃好早饭也不是一定要抱着与学习联系到一起的想法。把孩子生下之后，喂孩子吃饭属于父母最基本的工作项目。不让孩子吃好早饭却希望孩子健康成长好好学习，与不给车子加油却抱怨车子不走没有什么区别。

从“早晨是一天的开始”这个意义上来看，早餐也是相当重要的。就像是衣服的第一颗纽扣要系好一样，只有正常吃早饭，一整天才会精力充沛。如何迎接新的一天呢？吃不吃早饭的心情也会不同，因为吃饭并不仅仅是单纯的进食行为。

早餐是妈妈们告诉自己的孩子要认真度过一天的暗示，是激励，也是爱。虽然可能由于起太早孩子没有什么胃口，但是也要尽量让他们多吃些。妈妈们看着孩子一口一口吃着自己做的食物，心会变得虔诚起来，会觉得自己让孩子来到这个世界上，就要好好地养育他们。在早餐这样的时刻，的确会产生这样的觉悟和责任感。孩子呢？虽然没有说出口，但是他们能够感受到这样的感情。吃着妈妈用心准备的早餐，孩子们的内心会感到幸福，他们会快乐、认真地度过这一天。在每天的早餐桌上，就蕴含着这一切。

有的上小学和初中的孩子可能会说不吃早饭是“没有时间”、“没有胃口”，但这些都是借口。只要妈妈们努力一些，就会有办法让孩子吃下早饭。况且稍微早点起床就可以了，所以这些根本就不是什么问题。而高中生就有点不同。他们放学很晚，而且很多时候放了学也不能立即回家，还要去辅导班、辅导学院，直到凌晨才回到家，甚至回到家之后还有功课要做。如此一来，总是睡眠不足，因为太过疲惫所以很难有胃口吃早饭。因此，生活最累的高中生们是最不经常吃早饭的群体。这是一个大问题。

俗话说“民以食为天”，世界上没有比“吃饭”更重要的事了。那么还有没有能让青少年吃早饭的好办法呢？在从前，妈妈们对孩子的饮食真的是非常用心，经常会听到“吃饭了吗”、“要吃饭才行”这样的话，就好像一顿不吃就要天翻地覆一样。我们自己小的时候也不愿总是纠缠在吃饭这件事情上，偶尔内心也会愤愤地想：饭有什么重要的？至于那样紧张吗？

但是，随着年龄不断增长，渐渐地就理解了妈妈们为什么会对饭如此执着，也会对妈妈们产生尊敬之心。尤其是自己也成为了妈妈之后，心里也一样对饭执著起来。因为那是关系着孩子们的健康、学习，以及幸福的一件事情。

民石是一个总是迟到的孩子，这是小学时期形成的习惯，到了中学也没能改正过来。我问过他起床的时间，果然很晚。

“要养成早起的习惯才行啊。那样的话，就不会每次都因为迟到而被老师教训，也就不会被同学们称为懒虫了。是不是早晨醒不了？”

“不是那样的。实际上 6 点左右的时候我就已经醒了，只是没有从床上起来而已。”

“为什么呢？”

“不想起来。可能是因为对吃早饭没有期待。”

“为什么对吃早饭没有期待呢？”

“我们家人都不吃早饭。由于妈妈在美国留学过很长的时间，她的习惯是早晨喝一杯咖啡就可以了。爸爸不吃早饭直接就去上班了，他说在公司附近有可以吃早饭的食堂。”

“你可以让妈妈给你做早饭啊！”

“如果让妈妈给我做早饭的话，妈妈就会让我喝麦片或者是吃面包。但是我最讨厌的就是麦片与面包，所以干脆就不吃早饭。”

他下面说的话更让人心疼：

“可能是因为不吃早饭的原因，到了早晨也不觉得是早晨，感受不到全新的一天的开始。因此就在床上赖着，就产生了似梦非梦的感觉。”

民石的妈妈并不知道这些，只知道责备迟到的民石，说自己的孩子太懒，所以总是迟到。

过了不久，住在乡下的奶奶来到了民石家里。奶奶当然不会容忍孙子不吃早饭的，所以自从奶奶来了之后，民石也开始吃早饭了。如果想吃完早饭再去学校，就必须要早点起床，所以也就不再迟到了。

但是，民石仍然有自己担心的事情：

“奶奶好像只待一段时间就回去了，所以可以吃早饭的时间没剩多久了。”

虽然由于家里穷而吃不上饭的孩子很可怜，但是富人家的独生子民石也是如此地让人可怜。

8. 相信有圣诞老人的孩子是幸福的

就像卢梭曾经说过的一样，“如果想让孩子拥有纯真的心，那么孩子身边的人们就必须要尊敬并热爱纯真的东西”。

“相信有圣诞老人的孩子是幸福的。”

如果这样说，肯定有很多人想要对此进行反驳。

“那么就是说，我们家的孩子不相信有圣诞老人就是不幸福的了？”“每当圣诞节来临的时候，给他们买他们心仪已久的手机或者音频播放器，他们也一样的特别高兴。而且，我也不希望我自己的孩子是一个相信有圣诞老人存在的愚蠢的孩子。”“虽然上幼儿园的时候相信有圣诞老人存在还是可以接受的，但是如果到了小学仍然相信有圣诞老人的话，不就成了问题了吗？你不觉得这幼稚吗？”

可能有很多父母都是这样想的，要不然就是孩子们过于聪明，的确，到了小学二三年级还相信有圣诞老人存在的孩子已经不多了，而一旦他们跟别人说起自己确实相信有圣诞老人的话，还会遭到其他小朋友的嘲笑。

现在读小学三年级的贤智仍然相信圣诞老人是存在的，但是她跟朋友们说起这个的时候却会被轻视，这让她心里很不舒服。而且，不相信圣诞老人存在的小朋友要比相信圣诞老人存在的小朋友多得多，这也让她很不舒服。

“所以，我在学校的时候就说没有圣诞老人。但是在家里的时候我还是相信有圣诞老人的。每当圣诞节的时候，我都能从圣诞老人那里收到礼物。”

到了圣诞节的时候，低年级班的教室里就会形成两大阵营——相信有圣诞老人的和认为没有圣诞老人的。坚信不存在圣诞老人的一方会对另一方的孩子进行教育，说那些礼物只不过是爸爸妈妈买来的而已：“我想确认一下到底有没有圣诞老人，于是假装睡觉，就看见妈妈在我的枕头边放了礼物。但是，你们竟然像傻瓜一样还相信存在圣诞老人。”这一番话打破了孩子们对圣诞老人的幻想。

我们老二的心里一直都觉得圣诞老人是存在的，也因为这个，每当圣诞节来临的时候她都非常苦恼。

“妈妈，真的是圣诞老人送我的礼物吗？”

“为什么这么问呢？”

“其他孩子都说妈妈就是圣诞老人。如果妈妈是圣诞老人的话就直接告诉我，我不会失望的。”

她竟然会用这样高的手段来套我的话，看来还真是非常想要确认到底有没有圣诞老人。

“也有这样的可能，那些孩子的妈妈的确就是他们的圣诞老人。或许是圣诞老人不去给那些孩子送礼物所以妈妈们才亲自准备了礼物，或者就是由于他们的妈妈已经准备了礼物所以圣诞老人才不给他们送礼物的吧。”

这样给孩子投放了烟幕弹，孩子们就会发问：

“那么就是说是有圣诞老人的是吧？我想妈妈也不是送那样多那样好的礼物的人啊。”

“什么，你说什么？”

“妈妈从来都不会一次给我买那样多的礼物，所以一定是存在圣诞老人的吧，而且还总是把我最喜欢的东西送给我当礼物。”

即使说到这里，孩子的担心并没有结束。

“但是，我们班里稍微聪明一点儿的孩子都不相信有圣诞老人。”

“那么，就是说你不聪明了？”

“当然不是了，我学习也非常好。但是不管怎么说，聪明的孩子们多数都不相信有圣诞老人，秀然不信，智贤也不信了……甚至连牧师的女儿宝拉也不相信有圣诞老人。”

随着孩子年龄的增长，就会越来越多地受到来自朋友们的压力。我家老大到六年级的时候仍然相信有圣诞老人，所以总是受到各种各样的轻视和嘲笑：

“你真的相信有圣诞老人？你现在是在演戏吗？要不然就是假装自己很纯真？”

“因为我的确是从圣诞老人那里收到了礼物呀。”

“你是不是疯了？”

孩子们就像要揍她一样气势汹汹。我家老大无论在班级活动还是学习成绩等各方面都从来没有受到过朋友们的轻视，但是只要谈到圣诞老人的话题就会受到类似这样的嘲笑——仅仅是因为“相信圣诞老人存在”这样一个理由。

“妈妈，快点告诉我到底有没有圣诞老人？朋友们都说我精神年龄太小不愿意跟我玩了，我都成了被孤立的孩子了。”

最终，到了那一年的圣诞节前夜。我做出了决定，故意发出了窸窸窣窣的声音，让她看见了果真是妈妈给她放的礼物。我故意让她看见，因为不想让她再忍受“真幼稚”这样的评论了。这是很无奈的事。

但是，这样一来就让孩子失去了一块神秘的土地，所以感到有些遗憾。

“圣诞老人”对孩子们来说是一片神圣的土地，这与宗教无关，是只有孩子们才可以拥有的既不可思议又奇妙的秘密领土，孩子们会一边等待着圣诞老人一边陷入想象中。拥有那块领土的时间越长孩子幸福的时间也就越长。虽然说如果孩子们看出来是没有办法的，但是如果孩子们没有看出来，我认为父母应该努力地延长这段时间。

不知道是不是由于“幼稚”的家风，或许是由于我的优秀的烟幕技术，总之，如今已经到了六年级的老二仍然相信圣诞老人是存在的。她现在也正处于苦恼中，所以我正在仔细地观察孩子是不是因为“圣诞老人问题”而受到不一样的看待，也在考虑应该什么时候告诉她事实。

我向中学生小静说出了自己的苦恼，小静这样对我说：

“我觉得能够相信圣诞老人存在的孩子太神奇了，我从上幼儿园的时候开始就不再相信有圣诞老人了。

“上幼儿园的时候由于好奇，于是就问妈妈是不是有圣诞老人，但是妈妈说：‘怎么可能会有呢？’所以，我从来就没有等待过圣诞老人，也从来没有想象过圣诞老人。如果相信有圣诞老人的话，每当圣诞节来临的时候一定会怀着激动的心情期盼着圣诞老人的到来，但是我从来没有这样的经历。”

如果想让孩子的憧憬不那么快破灭，父母就要付出很多努力。我家一直都是根据孩子年龄的变化为她们选择礼物，所以每当圣诞节来临的时候，我就得像特工一样小心翼翼，总是担心被她们看出破绽。当孩子有所疑惑的时候，释放烟幕弹让她们的童话城堡继续存在下去也不是一件简单的事情。要织就多么神秘的蜘蛛网，才能让孩子保持一颗纯洁的孩童的心啊！有这样一颗心灵的孩子，又会是多么的幸福啊！

具有这样神秘力量的物事除了“圣诞老人”还有其他很多。父母也要将类似于“善良的人会受到祝福”、“只要努力梦想就会实现”、“正义最终都会取得胜利”、“并不是钱多就一定幸福”等等这样的正能量传递给孩子。这是对世界的信赖，也是一种希望。

让孩子们的纯真更长久地维持下去是作为长辈的我们的目标。就像是卢梭曾经说过的一样，“如果想让孩子拥有纯真的心，那么孩子身边的人们就必须要尊敬并热爱纯真的东西”。

9. 为孩子准备剪贴簿

这样一步步走下来就会发现，剪贴簿在经历了“进化”过程之后变成了一本杰出的百科笔记。

父母为了孩子的学习无不积极投入，只要他们认为是对学习有帮助的就会慷慨解囊。时下各种补习班的市场都非常红火，孩子们被这样那样的补习班“折磨”着，而父母们想的是，再多给孩子一点，让他们多学一点。

小学五年级的美英跟妈妈一起生活，两个人相依为命，住在地下室的一个简陋的房间里，靠政府提供的补助金以及卖小鱼饼赚到的钱勉强维持生活。即便家庭境况如此，美英的妈妈也一定要让她去英语辅导班以及钢琴辅导学院学习。如此拮据的生活，有必要让孩子去这些辅导学校吗？或许是看到了我眼中的困惑，美英的妈妈说了下边这样的话：

“这是我活下去的希望。我希望我的女儿不要像我一样生活。虽然糊口都很困难，但是这就是让她去辅导学院的理由。

“无论如何我都要让我女儿上辅导学院。这是我能为我的孩子所做的事情。虽然辛苦，但是就是凭借这样的信念一天天地坚持着。”

为了孩子而付出的热情以及牺牲是值得尊敬的，而且，我再次明白了妈妈为了孩子而做出的牺牲是引领着她们生活下去的能量。

但是没有其他更好的办法了吗？“为孩子所能做的事”非得是把孩子送到辅导学院去吗？

我总觉得父母在家里亲自辅助孩子的学习比去辅导班更有效。但如果这样说，家长们肯定会有这样那样的理由来反驳我，比如很忙、实力不足、孩子会不愿意，说不定还会造成家庭冲突等等。盲目地、过度地相信那些校外教育机构也是促使这种风气形成的一个理由，而其中潜藏的懒惰以及诚意不足更是原因之一。如果抛开这些，家庭就会成为孩子们喜欢的学习场所。

下面这个方法或许比强制孩子去补习班收效更大。

首先需要做的就是准备一个“剪贴簿”，每次翻看报纸杂志时，脑子里就想着“有没有对我的孩子有帮助的报道呢”。现在大部分的报刊都带有各类知识性的小贴士（tips），也会有一些适合给孩子看的经济报道或者是科普文章。

把对孩子有帮助的部分剪下来，做成剪报，英语、韩语、时事、经济、科学等主题都放到一个剪贴簿上也行，分成不同的册子也行。如果觉得太费劲，只选择其中一个领域来制作剪报也不错。

一边做剪报一边就会发现，这并不仅仅只是一个从报纸上剪下来然后贴在本子上的过程，孩子们在读的时候会把重要的部分用线标出来，家长可以提一些问题来帮助他阅读，也可以帮助他把内容进行拓展。这样一步步走下来就会发现，剪贴簿在经历了“进化”过程之后变成了一本杰出的百科笔记。

孩子从学校回到家之后的空余时间，大家一起阅读这温暖的剪贴簿，渐渐地孩子会积累起多方面的知识，也会有兴趣和大人们一起讨论各种问题。孩子看着妈妈给做的剪贴簿，自然而然地会学到分类和整理的方法。

这样对报纸的充分利用，也能在孩子头脑中潜移默化地形成节约意识，是很好的能源教育和环境教育。而且，这样的一本日益丰厚起来的剪贴簿，足以让孩子感受到父母给予自己的爱。

同时，在学习方面，它也具有校外辅导班所无法比拟的功效。

在我开始负责督促孩子的英语学习之后，我对英语投入了极大的热情。当看到报纸上刊登的商务英语的专栏时，我就把它们剪贴下来做成剪报。你可能会说："学什么商务英语呀？对孩子来说是不是太难了！"但是，剪贴簿的不断"进化"帮我解决了这个问题，最终成为了稳定而独特的教学方法。可能是由于我为她们做的这些剪报的原因，我的两个孩子在从学生英语向商业托福考试转变的时候，没有感觉到任何的不适应。我的剪贴簿自然而然地起到了"断奶食物"的作用。

报纸上曾经刊登过一篇题为《在美国最成功的韩国人家庭》的报道，说的是在美国职位显赫的韩国人高洪柱的家庭故事。文章里密密麻麻地书写了他们的家族成员所获得的殊荣及所处的职位，但是，吸引我视线的不是那些博士学位的数字与荣耀，而是高洪柱先生的生活。

报道上说，"他每天5点下班回家"，这让我感到不可思议。按照常人固有的观念，位高权重的人是不可能在5点下班的，更不可能直接回家。从高洪柱先生5点下班这一点可以看出他恬淡的生活态度，更让人吃惊的是他下班回到家之后所做的事情。

这样的一个有成就的"大人物"，他每天回家后做的事情竟然是照看孩子们的学习。他的父母曾经也是如此，所以他也是这样做的。

父母们看着孩子学习，这是一个非常单纯非常朴素的方法，但是再也没有比它更好的方法了。不管有多么优秀的课外辅导老师，不管有多么好的辅导学校，也比不上父母亲自照看孩子们的学习，哪怕是一个科目也好。

如果时常照看孩子们的学习，就能够近距离地观察孩子们的成长过程，能够很清晰地了解自己的孩子现在处于什么阶段、在哪一方面有困难、有什么样的苦恼等等，而且还可以了解自己孩子的学习能力属于什么程度，在哪一个方面存在对抗性。作为家长，伴同孩子学习的过程还可以令我们自己也感受到学习热情与传授知识的快乐。在教育孩子的过程中父母也在成长。

不要小看了剪贴簿。它是一个诚恳的开始，接下来，妈妈的剪贴簿就可以漂亮地转化为孩子自己的能量。

10. 慢慢地让孩子了解，爸爸妈妈也有烦恼

过于“强大”的父母往往会让自己的孩子产生依赖，在从不诉苦只知独自承担的父母怀抱中长大的孩子会认为自己的爸爸妈妈没有任何担心与烦恼。

父母是守护着孩子的篱笆，为了成为可以让孩子依靠的支柱而尽着自己最大的努力。但是也有这样的家长：

“我丈夫只不过是年龄变大了而已，可实际上还是个孩子，不但因为玩游戏欠下了债到处躲藏，喝过酒回到家之后还高声叫喊或者是说脏话，在孩子面前抱怨没有小菜，把衣服扔得到处都是，不知道什么话该说什么话不该说，到了早晨也不起床……就这样还要求自己的孩子好好成长。孩子看了也会觉得自己的爸爸很可笑，与这样的人结婚一直生活到现在的我也这么想，这真让我头疼。就算是还没有在心里准备好养育孩

子，但是既然已经做了父亲，难道不是应该懂事儿了吗？但是他为什么还是那样呢？跟他说这些话也不管用。看来想结婚时并不是随便找个人就行了，因为结婚后有了孩子就必须要履行做父母的职责，应该有一种类似于父母资格的测试，只有通过了测试才能被允许结婚。随便找个人结婚的后果就是孩子会变得很可怜，因为从小就必须要跟这样的父母生活在一起。但是孩子有什么罪呢？”

有像这位郑爱小姐的丈夫一样自己还没有成熟起来，甚至连自己都照顾不好的父亲，也有比处于青春期的女儿更叛逆，对孩子产生负面影响的不懂事的母亲。

当然，大部分的人在成为父母的瞬间都获得了相当大的能量，他们为了孩子的安全以及成长担负起责任，并开始编织自己新的生活，不管多么辛苦也不会流露出来，努力要成为家庭坚实的支柱。但是过于“强大”的父母又往往会让自己的孩子产生依赖感，在从不诉苦只知独自承担的父母怀抱中长大的孩子会认为自己的爸爸妈妈没有任何担心与烦恼。

“大人们可真好。”他们会这样说。

“为什么？”

“因为大人们不学习也行，而且总是命令我们做这做那。因此我也希望自己能够快点长大成人就好了。”

他们认为大人们没有义务，只是发挥自己的权利的一种存在。

在孩子小的时候，一点点慢慢地告诉他们爸爸妈妈也有烦心事是非常必要的。

“妈妈，为什么你脸色这么难看？发生什么事情了吗？”

“嗯，稿子没有写好。”

这样的一句话就可以堵住孩子满嘴的不平，他们会产生一种“并不是只有我很累啊”这样的理解，也会让孩子们想到“所以我也必须要努力才行啊”。明白父母的烦恼会让他们对自己的生活产生全新的认识。

当然，由于是孩子，所以这种理解并不能坚持很久。很快他们就会忘记，又会不听话，又会产生不平。每当这样的时候大人完全可以把自己的心事说给他们，就算没有特别实际的烦恼也要“创造”一个。

“最近妈妈真的是太累了，工作也不顺利。”

“妈妈，稍微休息一下吧，就是由于最近工作太多了所以才这样的。妈妈也需要有休息的时间。”

要引导孩子学会给予别人温暖的安慰。

总是坚强的父母们偶尔也需要安慰，而自己的骨肉所给予的安慰更加甜蜜。

11. 不要把孩子禁锢在“规矩”的罗网中

只有在不伤害别人的前提下尽量允许孩子做更多的事情才会扩大孩子思想的领土。在孩子小的时候要放手，让孩子尽情思考，尽情行动。这就像是“放牧”一样。

“恋爱的时候看到对方很规矩的样子，感觉很好。但是结婚之后，一起生活久了就会觉得非常乏味。因为他将所有的事都用‘道德’进行判断，自己做每一件事也根据所谓‘道德标准’去行动。如果一个人过于‘道德化’的话，在很多时候就会读不懂世界的变化，由于这种教条化的道德的拦截，他们也不能获得更好的发展。

“把一切投资都看作是投机而不去理睬，所以才一直在贫穷中挣扎。由于过于讲规矩，所以在公司中的人际关系也不大好。大家讨厌跟‘道德老师’在一起，为什么？因为当前的社会充满竞争，而他很难接受这样的事情，所以与其他人合不来。他现在都不说话了，从他嘴里说出来的话都是程式化的。他也知道自己说道德生活故事别人都不爱听。”

这就是贤正的事例。并不是说贤正存在道德上的问题，他仅仅是一个不会对其他人产生危害的平凡生活着的普通人而已。

然而如果被禁锢在“规矩”的罗网中，不仅自己，就连身边的人也会感到憋闷。他们对于世界的了解非常狭窄，不仅错过了很多精彩，也阻碍了自己的发展进取。

孩子们小的时候大部分都是很讲道德的，他们会非常讨厌不道德的国家以及不道德的人，如果不道德的人受到惩罚就会非常高兴。这是由于孩子心性纯良的缘故，但是，也不能忽视父母给予孩子的影响：

“太讨厌了！不是善良的人。”

“人怎么可以那样做呢？应该规矩地生活着才行。”

很多时候大人们只要一张口就是道德的标准，用道德来进行评价，对道德进行强调，总是说一些好像人生的价值仅仅存在于“善良的东西中”这样让人产生错觉的话。

因此就会让孩子产生“好孩子情结”，从小就被禁锢在了

“规矩”的罗网中。

如果自己的孩子是个“规矩”的“好”孩子，养育起来可能更简单，但是孩子的行动甚至是思想都被囚禁在了狭窄的空间里，不能进行灵活的思考，也不能拥有杰出的想象力，因为坐镇于大脑中的各种标准和限制不时地会跳出来阻挡和压制。

那些在家庭中缔造出的“规矩孩子”，即使去创意力辅导学院上课也不能让创意力变好。只有在不伤害别人的前提下尽量允许孩子做更多的事情才会扩大孩子思想的领土。在孩子小的时候要放手，让孩子尽情思考，尽情行动。这就像是“放牧”一样。

前不久我担任了一次写作审查工作。学生们写的是与经济有关的文章，但是超过一千张的稿子的内容几乎是一样的。只要谈到经济，他们就只是想到节约；谈到节约，就只是想到储蓄罐。看到孩子们这样的文章我重新进行了反省，我认为这样的“模型”是我们这些大人制造出来的。

12. 善于等待的父母，等到的是孩子的幸福

要时刻记着“不要期望孩子的钟摆与大人同步”，只要多等他们一下，他们就会比现在感到幸福。

“对于孩子们来说这世界是一个怎样的地方？展现在他们眼前的生活是什么样子的？”

有时候我们需要站在孩子的立场上思考一下。对他们来说，这个世界非常巨大，他们要学习的东西非常繁多，因为有

太多未知，所以他们会迷茫和惆怅。虽然孩子们经常笑着、吵闹着，看上去好像很幸福，但是不能忽视的是，孩子们也有许多烦恼，也承受着很多压力。

但是我们这些做父母的经常挂在嘴边的话却总是：“为什么做不到呢?”“为什么不能快点呢?”我们总是不耐烦地催促他们。就好比穿衣服，我们好像永远不能理解孩子们的难处，而只会一味地责备：“为什么那么慢?”如此一来孩子们就更慢，甚至忘了该把胳膊伸到哪里去。我们已经不记得，当我们自己也是个孩子的时候，学会穿衣服也是一件大事，必须要一步一步来才行。在大人们的眼里仿佛看不到孩子的努力，只看到速度上的不如人意和频频出错。父母没有给孩子更多学习和练习的时间，而只会嘟哝着说：“有那么难吗?真是头疼死了。”然后把衣服拽过来帮孩子穿上。他们并不懂得等待。

事实上，这样看似平常的事情对孩子们来说全都是冒险，是一种挑战。为了能够将这些事情做得熟练，孩子们要花费很多的时间，而做父母的必须要理解孩子的状态，要有耐心，要用慈祥的目光注视着孩子，还要学会等待。给孩子一定的时间，让他们充分地练习，对他们进行引导，只有这样做，孩子们才不会有负担感，才会从容地学习；也是因为父母的耐心，孩子们才能感受到学习新东西的乐趣，才会一次比一次做得更好。

可与此正相反，看看我们身边的“大人们”甚至我们自己，总是用不耐烦的语气命令孩子们“做这个做那个”，如此一来，本来孩子有兴趣的事，到最后也变成了不想做只是被强迫着去做的事了。

仔细想一想，有很多事情，只要父母等一等孩子就可以更好地解决。如果肯在日常生活的那些琐事上等一等，随着时间的推移，孩子自然就能学会做事；如果肯在学习上等一等，而不是一味催促或者责备，孩子就会轻松而充满乐趣地去学习。有些孩子看上去学习不好，其实只不过是领悟得稍微慢一点而已，家长只要在孩子身边给予帮助和鼓励就好了，直到他们慢慢领悟。只有这样，才会迎来发生改变的一刻。要时刻记着“不要期望孩子的钟摆与大人同步”，只要多等他们一下，他们就会比现在感到幸福。

我小的时候，并不是父母所期望的那样温顺文静的女孩子，而是非常贪玩淘气，所以总是挨骂。我在暗地里认为自己并不是一个优秀的孩子，但是，偶尔会在心里反省一下，找找有没有可以让自己变得优秀的方法。

“今天只做爸爸妈妈喜欢的事情，给爸爸妈妈一个惊喜。”

我坚定地下了决心没有出去玩，为了打扫卫生还把笤帚也找了出来。但是在拿到笤帚之前，背后传来爸爸的声音：

“在别人让你做之前，自己也主动一点儿去打扫一下卫生，别总是等着别人叫再去做。”

我一下子就没有了力气，开始闹心。我自己计划好的事情失败了，所以非常生气。但是我还是镇定下来开始清扫，清扫完毕后又坐在地板上寻找接下来自己可以做的事情。我想到了剥土豆——妈妈想做土豆汤，所以把土豆放到了水里泡着，如果我帮妈妈把土豆皮去掉，妈妈一定会很高兴的。我朝水井的方向走过去，这时在外边干活的妈妈回来了，她一看见我就说：

“去把土豆皮剥一剥。妈妈很忙，所以这是你应该帮妈妈干的活呀。”

我突然开始那么讨厌剥土豆。为什么就不能等一等呢？为什么我想干的事情非得提前指出来，让我一下子就没有了想干的力气，还产生了一种遗憾和埋怨，大人们到底为什么就不能再稍微等一等呢？

后来，屡次有类似的事情，每当我找到可以帮爸爸妈妈干的活，而想去做时，他们总是会提前一步命令我“去做……”让我顿时失去了兴趣，因此我就选择了另外的事——尽情去玩。当然，也挨了更多的骂。

由于我自己有这样的经历，所以我总是努力地想给我自己的孩子足够的时间，我不想让孩子们也经历我小时候的懊恼和惋惜。但是即便我怀有这样的美好的初衷，却也还是有疏忽的时候——

本来孩子想的是刷完牙之后带着全新的心情去学习，但是我却不知道，对孩子们嚷嚷着：“已经休息过了，现在快去学习吧！”让孩子一下没了情绪；本来孩子已经下了很大的决心想要自己去刷洗拖鞋，但是我却不知道，还催促她说：“你现在应该可以去洗拖鞋了吧？”打碎了一个孩子想要给妈妈惊喜的心意。

每当事后了解到这些，我都会把手放到胸口背诵咒语：

“应该要等待。必须要等待。”

这是父母们要努力学习的功课，但是距离真正做到还有漫长的路程。

II

看似微小的精彩，却是孩子们大大的快乐

要到哪里去找幸福？

对孩子来说，

幸福并不虚无缥缈或遥不可及，

那些最单纯的举动，

就能让孩子感到幸福的存在。

1. 自由自在打滚儿的熊是幸福的

如果可以站在高处看一看每天都在重复上演的生活，你就会发现孩子们就像是工厂里传送带上的工业品一样。他们没任何空余时间，总是不停地被催促着，这样的孩子令我们心痛。

看到自由自在打滚儿的熊，心里就会有种非常舒服的感觉，那种本真的、完全自然状态下的放松令人跟着幸福起来，甚至有些羡慕。虽然同样都是“动物”，但是人类总是不能如此自由随性。然而仔细回想一下就会发现，其实人类也曾经有过像熊一样可以自由自在地滚来滚去的时候，那应该是出生后的几年吧，我们每个人都曾经度过了那样的时光！没有任何拘束地快乐地打滚儿的孩子是幸福的，看着孩子打滚儿的你也是幸福的。

但是，孩子们毕竟不能打着滚儿生活，在这个世界上他们需要学习的东西太多了，所以悠闲的时间越来越少。而且，由于对这个世界充满了好奇心，孩子们的内心深处也充满了求知欲。

因此，孩子们从曾经给过他们快乐的打滚儿时光的地上站起来，逐渐学习和熟悉一些东西，去幼儿园、去学校，接受各种等级的正规教育；又去辅导学校或者各种补习班接受课外辅导学习。就这样，他们的生活被逐渐添加进一些规则，而那些规则又慢慢地变成了一种习惯，形成一定的框架，于是生活便更进一步地有了固定的模样。

世界的变化是非常迅速的。父母们希望自己的孩子能够适应飞速变化的世界，希望自己的孩子能够在越来越激烈的竞争中生存下来。父母们的策略就是让孩子们既要学习这个又要学习那个，他们用这样的方式对孩子们提出了许许多多的要求。于是，孩子们的生活非常繁忙，英语、钢琴、游泳、计算机、美术、作文……把孩子们的生活排得满满当当。

如果可以站在高处看一看每天都在重复上演的生活，你就会发现孩子们就像是工厂里传送带上的工业品一样。他们没任何空余时间，总是不停地被催促着，这样的孩子令我们心痛。诚然，现代社会有非常多的方法可以让孩子们更快地学到更多的东西，但是如果过度地开发孩子们的头脑，就会产生副作用。

民基知道的东西特别多。老师的提问，大部分他都能够快速地回答出来。但是如果问他答案为什么是这样，他只会说这是在辅导学校上课的时候老师教的。如果问他还有没有其他的答案，让他再思考一下，他就会烦躁、发脾气：

“那就是答案，为什么还要寻找其他的方法呢？真是烦死了。”

不想再思考。这个孩子在长大成人之前已经开始用成年人的方式来看待各种现象。

雅兰不仅要去学校上学，还要去各种各样的辅导学校。看一下雅兰的时间表就会发现，一周的时间全部被各种各样的课程排满了。妈妈已经为她安排好了所有的时间，雅兰只要按照妈妈的安排过每一天就好了。

朋友们问她有没有玩的时间，她用疲倦的声音说：

“难道你可以那样玩吗？”

“你不可以这么玩吗？”

“我必须要去辅导学校。要是不去的话妈妈会打死我的。你的人生真是太舒服了。”

“那么从辅导学校回来之后再玩？”

“要是那样的话什么时候写作业啊？”

只不过是小学三年级的学生，但是却像是已经经历过整个人生一样疲倦不堪。这样的“年迈的孩子”，对世界没有任何好奇，没有任何新鲜感，他们得到的仅仅是“必须做好各项功课”的要求，他们没有任何的“悠闲”。如果从小就被这样刻板的学习课程所包围，那么他们对于新事物的好奇心将会消失得无影无踪，而且也丝毫感受不到学习的乐趣。

所以，不要让孩子们总是忙得晕头转向，他们也需要自由自在地打滚儿的时间。每天至少给孩子们 30 分钟，让他们什么都不用做，纯粹地享受“悠闲”。

选择让孩子打滚儿的场所时，宽敞的客厅要比孩子的房间更好。只需要在客厅的一角铺上垫子之类的东西，营造一个悠闲的角落就行。不管孩子做什么大人们都尽量不要干涉。如果这时妈妈在客厅的沙发上读书或做着其他什么自己的事更好，因为妈妈悠闲的模样可以让孩子的内心更舒服。

孩子们在自己的休闲区域里可以非常放松地享受这段属于自己的时间。他们也许会一边看着墙壁一边演戏，自己一个人走来走去还可以说一些独白之类的。这样自己玩了一会儿之后，如果感到无聊了就看看书。过一会儿也许又会把书推到一边而陷入想象中。

父母们都深知创造力的重要性，有些父母甚至送孩子去培养创造力的专门学校进行学习，但是仍然没有什么提高。其实，创造性的想法大多是在悠闲地打滚儿的时候产生的。人们在轻松的状态下更容易自发地思考，思考着思考着就会产生灵感，顺势而去就会找到发明和创新的头绪。所以不要吝惜给孩子一些自由自在地打滚儿的时间，这是没有任何风险的，非常不错的一项投资。

毫无拘束地疯玩一阵，在地上、沙发上自由自在地打滚儿，这样的放松对孩子们来说是十分必要的。沉浸在自己的天地中的孩子是不会烦恼或者发火的，就像自由自在打滚儿的熊一样，展现出来的是一张写满快乐的脸。这样好心情的延续，就连学习也变成了一件幸福的事情。让孩子变得幸福的方法是如此简单，做父母的还有什么理由不将这种幸福实现呢？

TIPS：

提高孩子创意力的 7 种方法

1. 不要时刻监视孩子的行为，要经常给予激励。

父母总是想让孩子在自己的眼皮底下，对孩子的想法直接评判是对还是错，但是这么做不一定有好的效果。其实父母要做的应该是时时给予孩子各种各样的激励，以及能让他们产生新颖创意的“刺激”。

2. 集中与松弛不断反复。

学习的时候应该有相对比较固定的时间和环境，这样才能在孩子的身体以及大脑中形成一个“学习时钟”。“集中”之后也需要让孩子彻底休息、玩耍来消除紧张，只有这样做才能够让孩子再次专注起来。

3. 如果孩子想逗你笑，你就放声大笑。

幽默也来自于创造性，只有具有与众不同的想法才能抖出包袱，引人发笑。所以如果孩子想逗你笑的时候，即使一点都不好笑也要放声大笑，孩子受了鼓舞，就会更加想提升自己的幽默感，这样一来同时也提升了他的创造力。

4. 不要催促孩子。

不要总想让孩子快速地做这做那，催促会让孩子肩负更多的压力，而总有紧迫感和被追逐的感觉的心灵是很难产生好创意的。只有在毫无负担的悠闲的境况下，才能涌现灵感。

5. 活用类比与假定。

“如果这样做会变成怎样呢?”家长们可以用这样的问句引导孩子进行思考，或者经常提一些类似于“假定……”这样的问题，打开孩子思想的闸门。孩子循着这样的思路走下去，就会在自己的脑海中翻找，产生出全新的想法。

6. 不要要求孩子用“是”或“不是”来回答。

不要总问孩子一些简答式的问题，要多问一些答案不确定的开放式的问题，只有这样才会扩展孩子的思路，才会打开孩子的嘴巴和头脑。

7. 容许孩子犯错。

孩子们在失误中能够学到更多的东西，所以，即使孩子出现失误或者是犯了错误，也要用宽广的胸怀来包容，换得孩子更加自由广泛的思考空间。

资料来源：德国汉诺威大学教授、全世界英才学会会长 Klaus K. Urban 博士

2. 小事也值得称赞

称赞的效果是如此之好——不用说，其实父母们知道这些。可虽然知道，但对于称赞还是非常吝啬。跟孩子发火以及责骂他们的时候要比称赞的时候多得多。

我小的时候几乎没有受到过称赞。能像姐姐和哥哥那样受

到称赞曾经是我的愿望，哪怕是一次也好。有一次哥哥得了感冒，妈妈想喂哥哥吃药，但是哥哥就是不吃还要脾气。我觉得忍耐着吃下去就行了，怎么会做不到呢？于是就站了出来，说要替哥哥吃药。妈妈为了动员哥哥，就允许我吃了一些药粉。

“看看，比你小的妹妹都吃药，作为哥哥的你怎么就不能吃呢？”

我把妈妈说的这句话当做了对我的称赞，高兴得快要飞起来了。

事情如果到此为止就很好了，但是我还想再受到称赞，所以在妈妈出去的时候，把哥哥剩下的药全吃了。就是想做哥哥做不到的事情以此来受到称赞。那么接下来怎么样了呢？肚子特别疼，而且被妈妈狠狠地骂了一番。妈妈说：“你这丫头，没有吃的了吗？竟然吃哥哥的药。”虽然这件事情已经过去很久了，但是到现在仍然经常想起当时的情景。每当想起来鼻子就会酸酸的——到底是多么想要受到称赞才会那样做啊，就会觉得幼小的我非常可怜。每当想到这个的时候，我就想尽可能多地称赞自己的孩子。

不管是过去还是现在，孩子们都希望受到称赞。虽然现在的孩子生活无忧无虑，什么都不缺，但是他们仍然希望受到称赞，从他们努力想从老师那里得到“赞赏的纸条”就可以看出来。

受到称赞，心情就会变好。那份快乐甚至可以把因为其他事情而受到的压力解除掉。

对孩子来说称赞具有更强烈的效果。从父母那里受到称赞就是得到父母的认可。如果从父母那里得到认可，孩子就会认为自己非常珍贵。因为越是受到称赞，就越会觉得自己是很不错的孩子。

在称赞下长大的孩子拥有自信。从父母那里受到称赞的经历会给孩子带来无穷的力量。这股力量会把孩子锻炼得更强大。而且称赞也会成为引导出他们好的行为的原动力，被称赞的孩子想做得更好，从而再次受到称赞。称赞就成为了可以引发连锁反应的燃料。称赞的作用并不仅仅只是如此，它还能促进免疫强化荷尔蒙的分泌，让身体更健康。

孩子们希望受到称赞，而且称赞的效果是如此之好——不用说，其实父母们知道这些。可虽然知道，但对于称赞还是非常吝啬。跟孩子发火以及责骂他们的时候要比称赞多得多。为什么会这样呢？

我认为可能是由于与类似于“你竟然敢不听我的话”这样的感情较量的原因。父母总是忘记这样一个事实，那就是孩子们并不是较量的对象。孩子们是与父母们身体等级不同的运动选手，但并不是进行较量的对象，而是应该从父母那里受到呵护的对象。孩子就像是刚刚破土的嫩芽一样，只有用充满爱惜的眼光以及充满热情的称赞来激起他们的勇气，才能让他们获得在这个世界上好好生活下去的力量。

当然，除了家庭之外，孩子们在其他地方也会受到称赞。在外部受到的称赞具有更强的效果。要使外人主动称赞自己的孩子，父母们就要为孩子创造接受称赞的机会，让他们将可以受到称赞的一面显露出来。

下面为大家介绍几种方法。

孩子们问候别人时做得好会被人称赞。乘坐电梯的时候，如果向邻居们主动问好就会受到称赞。哪怕是很不习惯称赞别人的邻居也会说："你真是一个懂礼貌的好孩子。"

让孩子去超市买东西的时候，记得提醒孩子带一个口袋去，这样也会受到称赞。因为环保的关系，为了减少垃圾的排放，超市的塑料袋是另外收费的，但是即便如此仍然有很多人去超市不带口袋，有时候是忘记带口袋，也有时候是因为嫌麻烦或者是觉得丢人所以不带。如果告诉孩子为了保护环境必须要这么做，孩子就会非常听话地接受。带着自己家里的口袋的孩子也会在超市里受到称赞：

"带着口袋来的啊，原来你不是一般的好孩子呢。"

不仅仅是超市的主人会这样说，排队结算的其他人也会称赞不已：

"哎呀，自己带着口袋来的啊！这个小孩子真乖。"

既节约了资源，又让孩子受到了称赞，所以没有比这更好的了。

每当像这样在外边受到别人称赞的时候，孩子们就会感受到这个世界是一个对自己非常友好的、很适合自己生活的地方。不要通过唠叨或者是说教来让孩子感受这些，而要通过这样的实际感受来让孩子体会。

仔细找一找，还会发现日常生活中很多让自己孩子得到称赞的方法。给孩子以称赞的人是妈妈，给孩子创造受称赞的机会的人也是妈妈。所以，在“妈妈”这个位子上真是需要做很多工作的呢。

3. 分享隐藏在厨房中的幸福

让孩子们亲自经历并且感受在平常的生活中隐藏着的幸福，并通过这些经历让孩子们知道，并不是只有在户外玩耍的时候或者是玩电脑游戏的时候才是幸福快乐的。

为家人制作美味食物的厨房里总是传出叮当哐啷的忙碌声，但是，厨房里并不仅仅只有工作。就像是厨柜的每个抽屉里都隐秘地收藏着不同的物品一样，厨房中也隐藏着幸福。

仔细想一想，你会发现任何一个地方都比不上厨房的创造性，在这里可以制作出千变万化的美味，不论何种食材都可以变身为手工艺品！

由厨房传递出来的幸福必须要分享，如果不懂得分享，一个人做饭的时候就会因为感到孤单而讨厌厨房，或者因为感到无聊而憎恶厨房。如果产生了“为什么只是我一个人来做？必须是我来做吗”这样的想法，就不会感到幸福了，进厨房就会变成一种有负担的工作和劳动。在出现这样的结果之前必须要学会分享。可以与丈夫分享，但是也要分享给自己的孩子。

古往今来，丈夫与妻子总是围绕着厨房展开各种“战争”。到了现在，这样陈旧的战争仍然在持续进行中。男人们仍然带着一种偏见，那就是：厨房应该是女人占据的空间。所以他们总是对厨房避而远之，而实际上，丈夫与妻子是一路相携的同伴，只有夫妇之间是相互平等的关系的时候，才会实现真正的幸福。由于讨厌涉足厨房或者是觉得有伤自尊，只让妻子一个人去厨房里忙活，这是不公平的。在差别以及不平等中过日子，肯定会有一方很卑怯，很委屈，难道不是吗?

结婚已经有 12 年的然珠的丈夫从来不进厨房。

“当然总是不满了。但是由于他在外边赚钱所以必须要忍受，要接受。虽然如此，有时候也是忍受不了，比如招待客人或者是过节的时候，我的脸色当然会不好看。你知道每当这个时候他走过来干什么吗？拥抱我然后说爱我。

“男人们都太奇怪了。应该改正的地方不去改正，他们以为走过来拥抱一下说一声‘我爱你’，就万事都可以解决了。看来他们还以为现在是朝鲜时代呢。虽然看着丈夫吃得很香我也会觉得很幸福，但是只要一想到只有我一个人必须做这些家务事时，还是会很伤自尊。其实我本来是非常喜欢厨房的，但是由于丈夫的原因渐渐变得讨厌厨房了。我知道像西班牙那样讲究男女平等的国家，如果丈夫不帮助妻子分担家务事就会受到处罚，我想我们是不是也应该有这样的转换。如果男人们知道自我改变就好了，但是不管怎么说就是不听。”

只要抛弃偏见就可以分享隐藏在厨房中的快乐。为了给孩子做炒饭把土豆皮去掉，放入胡萝卜，然后放在平底锅中翻炒，就会制造出连颜色都非常好看的炒饭。制作完成的炒饭完全不亚于艺术家的作品，带给人一种满足感。还不仅如此，当看到自己做的饭进入到孩子的口中的时候就会非常高兴！在这个世界上还有什么事情比为自己的孩子做饭并喂他们吃饭更有意义、更神圣、更让人高兴呢！这一行为比单纯的为家人赚钱更具有意义，爸爸们应该通过切身体验来感受一下。而且这还是不会让他们觉得他们只是一台赚钱的机器的方法。

可以这样说，不进厨房的爸爸们在教育孩子这个方面会出现决定性的失误。因为认为“厨房是女人应该去的场所”的爸爸是没有资格把“民主”以及“平等”挂在嘴边的。尤其是养育着女儿的爸爸更具有这样的缺点，他们自己是那样生活过来的，但是却让女儿不要落后于男人，成长为有进取心的女性，这如何说得通呢？这样的父亲对儿子也没有什么好的影响，因为他们从小就被植入了不平等的观念，就会与女人起冲突，接下来婚姻生活不顺畅的可能性比较大。

就像是上边所说爸爸们必须要进厨房一样，孩子们也必须要进厨房，这带有“令孩子们参与到生活中去”的意义。我们的生活是由许许多多细小平凡的事情构成的，自从来到这个世界上，任何人都不能脱离吃、喝、睡而生活。因此，分享是重要的。

然而，现在的妈妈们并不希望自己的孩子到厨房中去，而是希望他们把这些时间用到学习上。但是，学习其实是在幸福的体验之中才更有效果的，而且，幸福并不仅仅是存在于未来，当下生活的每一个瞬间都应该要幸福。就这样的意义来看，也应该与孩子分享隐藏在厨房中的幸福。

让孩子们尝试着把大米清洗干净然后放到电饭锅中。听到哗啦啦的大米下落的声音，对他们来说也是一种不一样的经历。在清洗泡在水中的大米的时候，双手所感受到的那种痒痒的可爱感觉是在其他地方感受不到的。从指间滑落的大米是多么的柔软，孩子们因为快乐而张着嘴嘻嘻地笑着。

他们心中当然十分感谢让他们这么做的妈妈，因为他们享受到了这种全新的经历所带来的快乐。孩子们一边把洗好的大米放到电饭锅中一边会提出这样的问题：

“妈妈，只要这么做就能把饭做好了吗？”

“对啊。”

“真简单。真想快点吃到我做的饭。”

通过这样的过程，孩子们就会明白，原来做饭并不是一件很难的事情，凭借自己的力量完全可以做到。看着大米变成香喷喷的米饭，孩子们就会非常有成就感。

还可以与孩子们一起择菜。把报纸铺好，跟孩子面对面坐着，一边聊天，一边一起择菠菜、择荠菜，这本身就是一种很不同的经历。如果在城市刻板的公寓中放入这样充满农村感觉的“风景”，马上就会感到优雅并充满情意。与蔬菜一起“玩耍”的手指也非常快乐，蔬菜的香气以及触摸蔬菜的感觉也是非常独特的，那是直接坐在桌子边吃蔬菜的时候所无法感受到的。一边择菜，也就会一边说一些这样那样的话题。比起想好谈话的内容之后进行谈话，像这样在自然的环境中产生的谈话才是真正的谈话。

跟孩子们一起和面也是一个很好的主意。这与在学校手工课使用泥巴或者黏土是不一样的。由于不要求孩子必须制作出什么样的东西，孩子们会感受到更大的自由以及解放感，可以充分发挥自己的创意。可以用孩子制作的面团直接做面片汤或者是刀削面。本来是自己拿着玩的面团，但是加入土豆然后放入开水中煮就会变成面片汤，用擀面杖把面团压一压，然后用刀做成刀削面，这样的经历对孩子来说是一种巨大的幸福。而且吃的是自己制作的食物，所以会感到一种满足感。

在厨房中可以感受到幸福的事情实在是太多了。让孩子们亲自经历并且感受在平常的生活中隐藏着的幸福，并通过这些经历让孩子们知道，并不是只有在户外玩耍的时候或者是玩电脑游戏的时候才是幸福快乐的。

在安静单纯中所感受到的幸福，对孩子的情操的养成是有非常大的作用的。

4. “垃圾分类”是一部教科书

让孩子们明白如果随便乱扔物品就会产生垃圾，接下来就会污染环境并造成资源枯竭。把这样一个循环的关系告诉孩子，让他们感受到自己的责任，虽然年纪还小，但是他们也开始懂得担心地球的未来。这是在自然状态下对孩子进行的环境教育。

我所居住的公寓在每周日都会进行垃圾分类再利用的活动。每当周日的下午，大家就会拿着废纸或者各种瓶子、塑料制品、铁罐等来到垃圾分类的场所，人群熙熙攘攘，就像是有什么盛典一样。

邻居们相互问好，彼此询问着最近过得怎么样。这样一看，就会觉得这样的活动真好啊！能把公寓中整天关着门待在家里的人们都叫出来，让大家互致问候。

参与其中的也会有孩子，他们抱着过期的报纸，也有把可以回收再利用的物品放到篮子里提了来的。我也是带着孩子来的，因为一周之内积攒的东西太多了，我需要帮手。当然，一个人来回几次也是可以的，但是想来想去，我还是要带上丈夫以及孩子们。因为吃饭的时候是一起吃，所以扔垃圾的时候也要一起扔才行。并且，从对孩子的教育方面来看也应该让孩子参与到垃圾分类活动中来。

在运送垃圾的同时，孩子们会明白，我们会用食材做出美味可口的饭菜，而在这一过程中也会出现垃圾。虽然这是很平常的事，但也是一个很重要的事实——不管是什么事情都会出现附加物，这是一个真理。

孩子们在进行垃圾分类的过程中也能感受到微小事物的珍贵。他们会把自己不再玩的塑料玩具放到回收再利用的袋子里，而不是随便丢弃。

同时，让孩子们明白如果随便乱扔物品就会产生垃圾，接下来就会污染环境并造成资源枯竭。把这样一个循环的关系告诉孩子，让他们感受到自己的责任，虽然年纪还小，但是他们也开始懂得担心地球的未来。这是在自然状态下对孩子进行的环境教育。

孩子们在进行垃圾分类的过程中能够感受到自己也可以为保护地球出一份力，这为他们带来自信以及快乐。他们会明白虽然还没有长大，但是用稚嫩的双手也能做很多事情，感悟到自己身体里蕴含着可以改变这个世界的力量。而且如果能够对废弃物进行很好的重复再利用，就能够制造出新的被大家需要的物品，这让孩子们对科学以及技术产生思考。虽然并不能很确切地了解其中的原理，但是给孩子创造出了可以思考的机会。

“塑料怎样才能重复利用呢？真的非常想直接去工厂里看一看。非常希望可以使用再利用的物品从而来保护我们的地球……”除了了解到废弃物重复再利用的过程并不简单之外，孩子们也在潜移默化中有了节约意识。

我想通过这样的方法来对自己的孩子进行教育，所以有一天与孩子一起来到了垃圾分类场，见到了经常见面的上四年级的珠英。

“珠英，你今天也来了。但是，一个人拿那么多的东西不累吗？”

“很有趣啊，我把纸片、塑料、罐头盒、瓶子按着类别分开放，我觉得把一周中积攒起来的东西像这样分类放到袋子里是非常有趣的。罐头盒放到装罐头盒的袋子里，塑料放到装塑料的袋子里，如果做得更快一点的话就会更有趣，我就像是在工厂里工作的人一样。有时候放错了，把罐头盒放到了装塑料的袋子里，那就得重新拿出来，但是我仍然觉得很快乐。”

对于只讲究教育效果的我来说，珠英的反应让我感到非常意外。

“今天爸爸妈妈都出去了，所以就我一个人来了，与爸爸妈妈一起来的时候更有意思。就像去郊游一样排着长长的队，这确实非常有趣。如果有人拿的箱子破了，装在里边的纸之类的东西撒了一地的话，大家就会哄堂大笑。上周我妈妈拿的箱子就破了，你不知道有多么好笑。”

听了珠英的话之后，我想，不管什么时候、不管什么东西孩子们都能从中找到乐趣，懂得去感受，懂得把它们变成游戏去享受，他们也就是所说的“幸福一族”。

垃圾分类结束之后，珠英又到了装饮食垃圾的垃圾桶跟前。我一直以为她手里拿的是再利用的垃圾，但是看上去好像不是。

“厨余垃圾也是你倒吗？”

“厨余垃圾不也是垃圾吗？而且，如果不倒掉的话就会发出味道，有时候还会生虫子，所以必须要经常倒厨余垃圾。”

我从来没有让孩子倒过厨余垃圾，听了珠英的话之后非常震惊。以前，我每次跟孩子一起外出时，经过厨余垃圾桶旁边时就会跟孩子说：“这里脏，还有难闻的气味，所以离这儿远点儿。”把孩子隔离开来。

我一边苦恼到底要不要让孩子倒厨余垃圾，一边回到了家，于是听到我们家老二英儿的这番话：

“妈妈，我也要挑战一下倒厨余垃圾。以后不要赶我走，也不要不让我靠近厨余垃圾桶，因为我也想尝试一下。”

就好像是抓住了什么幸运的机会一样，两个孩子嘻嘻地笑着，充满了全新的挑战欲。

我完全接受了孩子们的建议，孩子对垃圾分类也变得非常积极。每当橘子皮之类的垃圾出现的时候，他们就会苦恼应该当做一般垃圾呢，还是当做饮食垃圾。而且还怕有人会疏忽所以总是在监督着，成了环保的卫士。

5. 想想办法，解了电脑游戏的毒

生活在电子时代的孩子不可避免地总是听一些吵闹的电子噪音，有必要帮助他们从这样头昏脑涨的洪水中摆脱出来。

在很多家庭里，不光是孩子自己的房间，就连客厅也拥挤得没有插脚的地方——到处堆满了玩具，不管是柜子里还是抽屉里，整个家都被玩具塞得满满的。

“家里就一个孩子，所以只要是他想要的，全都想给他买。不是说只有多给孩子买玩具才会更好地开发孩子的左右脑吗？并且孩子的创造力也会有所提高。所以，就像竞争一样，我比其他人先给自己的孩子买了游戏机，还买了很多游戏光碟。但是，最近我经常担心。因为我们家的俊浩好像是对电脑游戏上瘾了。实际上，为这事我很苦恼，以前看到他能比其他孩子更熟练地操作电脑，玩游戏也比其他的孩子玩得更好，是很满足的。俊浩非常喜欢电脑，我们还想过他有可能成为数码产品的天才，所以每当出现新的游戏光碟就会给他买，但是最近却开始因为这个头疼，因为发现他现在对别的东西都不感兴趣，只想玩电脑，不但不热心功课，就连以前非常喜欢的运动也开始讨厌。他只想在自己的房间里玩电脑游戏，而且变得非常固执。”

在我们身边有很多这样的事例。有很多孩子小的时候沉浸于塑料玩具中，等到上幼儿园就开始玩游戏机了，到了上小学的时候就彻底沉浸到了电脑游戏中，这种对电脑游戏的迷恋可能一直持续到中学甚至大学。

耀燮的情况稍微有所不同，因为他妈妈让他玩游戏。

“虽是个男孩子但性格却太柔顺了，这让我有点担心，所以就让他玩电脑游戏。因为电脑游戏大部分都是打、射、刺这样的战斗游戏，我就想玩这样的游戏会不会令他的性格变得刚毅一些。可是现在看来，性格中的柔弱一点儿也没变，反而沉溺在了电脑游戏里面，不玩游戏的时候就不知道该把手放在什么地方，简直是坐立不安。要么就用手敲自己的膝盖，如果不让他那么做的话他就会往空中伸拳头；如果制止他，他就会像手颤症的患者一样，手一直发抖。完全是中毒了，中毒了！”

孩子一旦沉迷于电脑游戏，生活就会一片混乱，精神状态也非常不安。现在有很多这样的孩子，尤其是男孩子更为严重。

为了让孩子们从电脑游戏中毒中摆脱出来，曾经尝试过多种方法——把原来放在孩子房间里的电脑放到客厅里，或者只有爸爸妈妈允许的时候才能打开电脑。如果担心大人不在家的时候孩子偷偷玩游戏，就把电脑插座拔掉。如果还不放心，可以买一个便携式键盘，家长外出的时候就把键盘也带走——可问题是，即使这么做也无法阻拦。因为如果孩子们在家里玩不了游戏，就会想办法去网吧玩。

事情发展到这样的地步，究其原因，父母也难辞其咎。他们认为孩子生活的21世纪是数码时代，所以数字游戏机以及电脑是非常有利的，要是让孩子从小就玩游戏机和电脑，孩子的大脑就会变聪明。

这是家长的“野心”吧，内心里期望自己的孩子能够成为安哲秀或者是比尔·盖茨那样的电脑天才。但是，好像并不是从小喜欢玩电脑就能变成数码天才，就拿安哲秀或是比尔·盖茨来说，实际上，在他们小的时候恰恰是非常喜欢读书，一边读书一边把握时代的变化以及发展方向，用书中的智慧引导自己获得好的创意。

无从选择，我们的孩子必须要在数码时代中生活，所以必须要熟悉各种数码装备，而且必须要懂得享受数码产品带来的乐趣。但是，如果在培养孩子的过程中过分地往这一方面倾斜，好像也会产生问题。有可能会失去人性化的温暖，而且很有可能会产生“电脑游戏中毒”等副作用。

为了防止出现这样的副作用，我认为即使要把孩子成长的方向确定为数码方向，也要注意把握尺度，积极地从数码产品中获取信息和乐趣，但不能沦为它们的奴隶，而应是一个“自由人”。

那么具体应该怎么做呢?

不要让孩子从小就过分地沉浸其中。而且，在给孩子买玩具的时候，木质的或者是塑料拼插等比较朴素的玩具要比那些夸张的最新型的玩具好。前者不仅在培养孩子的品性方面起到帮助作用，而且可以让孩子具有思考的时间，从而提高孩子的创意力。

在孩子沉浸到游戏机或者是电脑游戏中之前，必须先让他们知道读书的乐趣。因为不管电脑游戏是多么吸引人，懂得读书乐趣的孩子也不会陷得太深。

要经常带着孩子从家里走出来，到大自然里吹一吹风，感受一下室外新鲜的空气。生活在电子时代中的孩子们不可避免地总是听一些吵闹的电子噪音，有必要从这样头昏脑涨的洪水中摆脱出来。到农村的小路上或者是农田附近走一走，或是坐在小山岗上静静地陷入沉思，停留在幽僻的林间空地上感受一下寂静的时间。这样，不仅身体会变得健康，精神也会变得纯净，才会出现平衡的感觉。此外，还能提高孩子对于每天都在不断变化的数码时代的适应能力，减少压力，获得认真生活下去的力量。

6. 客厅里的小书桌

认为孩子只有在专门的学习场所读书、做功课才会学得更好，思想更集中，这样的想法只不过是我们这些大人们的偏见而已。

“真不明白，为什么孩子就是不愿意去书房。”

“说的是呀，学习时如果端正地坐在桌子前就会更集中精神，这不是很好吗?”

妈妈们为这事说个不停，因为这样的孩子的确不少。

我们家的老大以前也是如此，不到迫不得已绝不去书房学习。通常，她把书以及笔记胡乱地放在客厅里，在客厅温习功课，也在客厅写作业，有时候一边滚来滚去一边读书。

有一天我实在忍不住了，就问她喜欢待在客厅里学习的理由。

“在客厅里，由于感觉上不像是在学习，反而会学得更多；可是关在书房里的话，貌似一直在学习，其实不然，因为总想出来，但是还必须要忍着，所以就会感觉特别累。如果没有忍住，跑出来了，肯定会被妈妈说，问我为什么这么快就出来了什么的，会让我赶快进去，妈妈总认为只有端正地坐在书桌前边才叫学习。如果一个人学习的时候是被关在房间里的，那就好像是被关在监狱中一样，所以我很不喜欢进书房去学习。”

我到那个时候才明白，认为孩子只有在专门的学习场所读书、做功课才会学得更好，思想更集中，这样的想法只不过是我们这些大人们的偏见而已。

从那以后，我干脆把客厅布置成了方便孩子学习的空间。我在客厅的一角放了一张短腿的学习桌，让孩子们不管什么时候，一旦产生了想学习的想法，都可以随时坐下来学习。如此一来，孩子们在不知不觉中就开始了学习，没有了被禁闭起来的感觉，可以在一个安定舒适的环境里写作业。而且，为了想让妈妈看到自己学习的样子，所以好像是会更加努力地学习。在学习的过程中，不管什么时候，如果遇到不懂的问题，随时都可以向爸爸或者妈妈询问，这也是非常有利的。再加上客厅里有电视机、录像机、录音机等，这些对学习也有辅助作用。

我又把放在客厅里原本用来盛放装饰品的柜子清理了一下，成了一个变换了模样的“书橱”，因为有点担心这样的“教学区”气息带给孩子压力，所以特意降低了书橱的高度，这样孩子们在客厅里无聊地打滚儿的时候一伸手就可以拿过一本书来读。读书并不是什么伟大的事情，就像是吃饭或者是在客厅里打滚儿一样，只不过是生活中的平凡的一部分而已。可能正是我这样的策略有了一定的效果，所以到现在为止也没有感受过“想让孩子读书，但是孩子很讨厌读书”这样的苦恼。

一般情况下，客厅的墙上挂的都是漂亮的图画或者家庭照片。我没这么做，只是到卖地图的商店里买了一张国内制作的最好最大的世界地图挂在了墙上。

虽然，为了培养孩子们的情操，从前也在墙上挂了图画，但是没过几天就开始厌倦，因为每天盯着同一幅图画看来看去也是需要忍耐心的。再者，图画还有局限性，容易限制孩子们的想象力，从这点上来说还不如就让墙壁空着。虽然挂上一家人和和睦睦的全家福也不错，但是，当生气发火的时候，也必须要看着笑容灿烂的全家福可能也是一件非常痛苦的事情。

但是地图就不一样了，每看一次都会有全新的发现。那么多自己不知道的地方，还有没去过的地方，孩子们一边看着地图一边培养起自己的梦想。虽然身处狭窄的客厅，但是，思想却在全世界自由自在地遨游，渐渐地就可以让自己的胸怀更加宽广。而且，孩子也会发现自己所生活的地方在世界地图上连一个点的标志都没有，是那样的渺小，就会让孩子变得谦逊起来。

再加上每天看报纸的时候，就会发现世界上的角角落落都在发生着各种各样的事情，每当这样的时候，从地图上把这个地方找出来，会对孩子起到教育的效果。在地图上找出发生海啸的地方就会让孩子们的内心变得火热，想要提供帮助的心情就会变得更加恳切，这与只是简单地听一听新闻是不一样的。

贴满墙壁的世界地图、短腿书桌和低矮的书柜，它们把客厅装扮成了最适合学习的场所。孩子们再也不感觉到学习时很孤独，也不会再强忍着想要从书房中走出来的想法，而可以在一个更加安定的环境中学习。学习累了，或者腰酸背疼了马上就可以躺在地毯或者是坐垫上休息，还可以随时打滚儿。

“只有端端正正地坐在书桌前才能好好学习”，这样的偏见还是抛弃比较好。想想看，我们一辈子都要学习，活到老学到老，所以更应该一边玩耍一边休息一边学习，玩一会儿学一会儿，然后再休息一会儿。这样做就不会厌烦学习，也就能够让孩子对学习的兴趣持续下去，同时享受学习。

你可能会反问，那么专为孩子们准备的书房该用在何处呢？孩子也会在某些时候希望自己一个人待着，这样的时候就用得着书房了。

7. 尽可能多给孩子决定权

希望父母们从今天开始，每天至少让孩子自己做一个决定。

五年级的友莉从来不用自己准备第二天上学要穿的衣服，这些妈妈都会替她做好。友莉的妈妈是上班族，她给孩子准备衣服的方式也非常特别——在每个周日晚上，就会将下周按周一到周六的顺序把每天的衣服准备好，还会将内衣与外衣分门别类，放到带有拉链的袋子里包装好。友莉早晨起来的时候，从不用想今天要穿什么，直接拿出来穿上就可以了。这是妈妈对她的一种照顾方式。

有许多父母会决定孩子们一整天的日程安排——穿什么、

吃什么、学什么、去哪一个辅导学校等等，孩子们只要按照父母决定好的去做就可以了。

为什么父母什么都要包办呢？那是大人们认为孩子还没有成长完全，现在还太小，还不能够自己把事情做好，所以要替他们做出选择。

而孩子也是一个独立的个体，他们既有进行选择的自由，也有实际选择的能力。认为“孩子们不知道做什么和怎样做”，这也是大人们的偏见。就连婴儿也具有自己做决定的能力，也可以根据自己做出的决定去行动——既可以决定不喝牛奶，也可以决定现在要睡觉。随着孩子不断地成长，他们进行选择和决定的领域也在不断增大，并变得多样化。

但是，事实上，从上小学开始，孩子们的决定权却在渐渐地缩小范围，因为父母的干涉越来越多。由于父母们带有想要好好培养孩子的欲望，所以抢夺了孩子们的决定权，对孩子们进行统治，进行管理。虽然孩子们想要自己做决定的心情伴随着成长越来越迫切，但是父母们却在阻拦。

孩子们都希望遇到与自己有关的事情可以自己做决定，然后根据自己做出的决定去行动。这是孩子感觉最幸福的时候，与父母代替自己做决定，代替自己考虑的感受完全不同，他们充满了活力，非常积极热情，变得生机勃勃。自从看到了这一点之后，我就非常喜欢利用这一点。

方法并不是很难。

比如说，家里正在做大酱汤，整个房间里都充满了大酱汤的味道，即使打开了抽油烟机也无济于事，那么要不要打开窗户呢？这时候就可以把决定权交给孩子：

“气味散不出去呀，虽然天气有点冷，但是，我们开一下窗户怎么样呢？”

只要这样询问一下就可以了。孩子看到妈妈连这样的事情也来征求自己的意见，就会感觉到非常的幸福，会很高兴地回答：

“嗯，打开窗户吧，味道真的很重呢。”

如果看到妈妈尊重自己的意见打开窗户，孩子们就会感觉到自己说的话中蕴含的力量。

此外，制订旅行计划，也是可以把决定权交给孩子的一个绝好的机会。

“我们这一次是去山里旅行呢，还是去海边？”

“去年夏天的时候就去山里旅行了，所以这次去海边吧。”

“好，那这次就去海边玩。”

其实去山里还是去海边并不是可以让自己的人生变得不同的重大决定，所以就心胸宽大地顺从孩子的意愿好了。充满怀疑的孩子可能还会这样问：

“可以这样吗？”

“当然了。我们家的宝贝要去海边，当然得去海边了。”

即使很堵车，天气也很炎热，但是孩子也不会不高兴。因为他们对于自己做出的决定充满了责任感，甚至还会安慰爸爸妈妈：

“爸爸妈妈，虽然很热，还是再稍微忍耐一下。因为到了海边，连内心都会变得很凉爽的。”

让他们做稍微大一点的决定也很好。因为越是如此，孩子体会到的被尊重感以及自信感和责任感都会变大。

买了私家车几年以后，相比起来，因为熄火而停在路上这样的窘事都不及我们这宝贝汽车那紫红的颜色更让我们闹心，因为它停在街上的时候实在太扎眼了。坐在后座上撅着嘴的老大说话了：

“偶尔会熄火在路上是因为它开的时间比较长了，也就算了，但是连颜色都非常的显眼，真的很丢人。爸爸妈妈怎么会下定决心买紫色的车呢，更何况还是紫红色的车呢？你们的审美观真是令人佩服啊。”

孩子这样撅着嘴说完之后，我跟丈夫就像是一直等着一样同时说：

“当时谁做的决定啊！”

“谁做的决定啊？”

“你做的决定！你！就是你上幼儿园的时候，说非常想坐紫红色的车，所以才买了这辆车。”

“是吗？哈哈！太神奇了，真神奇！”

笑了好长一段时间之后，老大说：

“小孩子说的话能当真吗？孩子说要买这样的就买了，那怎么行呢？”

“就算是你小的时候，爸爸妈妈也是非常尊重你的话的哟。所以虽然我们内心里是想买银灰色的车，却还是忍着遵从了你的想法。”

“那也是。可这是不是太严重了？又不是只用一两天，最少也是要用好几年的物品，怎么能凭孩子的一句话就决定了？要是不那样做的话就不会像现在这样扎眼了。”

虽然这样说，但是孩子的表情是幸福的。

就像是搬家这样的家庭大事也可以把决定权交给孩子。恩珠的妈妈就是这样做的。

她们租住在地下室里，天花板有一些漏水。恩珠妈妈向房子的主人要了防水剂大体上修补了一下，但还是一直在漏水。恩珠的妈妈害怕如果整修要花很多钱，所以就那么将就着。正好房子签约的日期就快到了，所以决定搬家。虽然自己的心里已经做好了决定，但还是向上小学一年级的恩珠询问意见。

“恩珠，我们搬家怎么样啊？”

“嗯，我们搬家吧。这个屋子漏水，所以搬家吧。”

小孩子不知不觉还说出了这样非常合适的理由。

“就这么决定了。就像恩珠你说的一样，这个房子还漏水，所以让我们搬家吧。”

可能恩珠觉得是自己做的决定，所以整理物品之后，还非常积极地帮助妈妈打包行李。

准备好之后到了搬家的那一天。

恩珠刚走进新家就说：

“妈妈，这个房子不漏水，是不是很好？空气也好，也可以看到很好的景色。妈妈，你快看看窗外，就像是给天空镶上相框一样真的好漂亮啊！”

孩子忙着列举新家的好处，因为感到是自己做的决定，所以心里便生出了责任感，可能是想让妈妈理解自己的决定并不坏。

我经常使用这样的方法。不管是孩子还是我，都觉得这非常有趣，非常幸福。有时候感到自己变成了一个“老奸巨猾”的人，但这没有什么不好，因为管理孩子是需要一些策略的。

希望父母们从今天开始，每天至少让孩子自己做一个决定。制订这样的目标并去实践，你就可以从生机勃勃的孩子身上看到春雨滋润嫩芽成长一样的美好风景。

8. 散步是生活的氧气

如果觉得没有散步的时间，减少一个辅导学校怎么样？也就是可以看作是去“散步辅导学校”。

散步可以为我们的生活输送氧气。被现实压抑得不能呼吸的时候，散步可以让呼吸畅通；为了达成某个目标累得气喘吁吁的时候，散步也会让呼吸变得均匀。

散步，可以让兴奋的心变得沉稳，感觉到很安定。孩子们也可以在散步中获得感悟：看到自己的缺点，学会自省，明白曾经折磨自己的事情其实并没有什么大不了的，在面对困难时以及在某个重要关头能够振奋精神，也能够看到自己前进的道路。总之，散步是让人们制订自己的计划的时间，也是让人们补充能量，获得前进的养分的时间。

散步并不仅仅只提供这样的精神上的帮助。一边走一边也做了运动，一边享受着阳光一边慢慢走着，对身体有很大的好处。人年龄越大就越容易患上骨质疏松症，骨头会变得脆弱，而有规律的散步却可以预防这种病症，使人变得越来越健康！

散步将“动”与“静”两个方面很好地融合在了一起。既是让人安静地冥想的时间，也是活动身体的时间。

即使过了60岁也依然活跃的小说家崔仁浩老师，每天一定会抽出一个小时的时间散步，可能正是因为如此，他仍然有着跟青年人一样的旺盛精力，而且他的作品也依然充满了青春的气息。我认为，这些应该都得益于他从散步中获得的力量以及能量。

最近有很多人都在散步。我住在一座很小的山下，只要打开窗户向外望去，每天不管什么时候都会发现很多散步的人。看着别人散步也像是吸了氧气一样内心非常畅快。在这样的时刻就会产生赶快把事情做完然后去散步的想法。有时即使还剩下一部分事情没做完也毫不犹豫地放下，然后起身去散步。也会遇到虽然在做，但是事情却迟迟没有进展，或者是根本就想不出什么好点子来的情况，这个时候去散步是一个非常好的选择。这是通过我的经验得出来的结论，所以即使要花一个小时的时间去散步，但想一想散步归来之后的工作效率一定大大提升，就不会觉得是浪费时间了。所以这是一项既经济又有效的投资。

即便散步是这样的好，大部分孩子却并不喜欢散步，即使爸爸妈妈说一起出去散步也装作没听见。

“为什么要去无聊地散步啊？如果有时间的话，还不如看电视或者是玩游戏呢。”

父母需要努力让孩子们知道散步的乐趣，并且让他们养成散步的习惯。这当然在孩子年龄越小的时候越容易，孩子们进入学校上学之前，一说要出去散步，他们就会像撒欢的小狗一样蹦蹦跳跳。养成了这样的习惯的孩子即使到了上小学的时候也非常喜欢散步。

对于仍然没有养成这样的习惯的小学生们来说，需要有引导着他们去散步的“诱饵”。帮他们减轻学习负担，或者告诉他们散步结束以后就到山下面的村庄里吃炒打糕条和鱼糕，用这样的方式来诱惑他们。虽然像其他的事情一样，开始的时候很困难，但是当他们知道散步的乐趣之后，孩子们就会首先提出散步的要求的。

我认为上小学的孩子跟着父母去散步是最好的了，等到上了初中，即使孩子本人想去散步，但是也会因为课业负担很重等多种多样的原因而去不了。所以，在他们可以去散步的时候，就尽量多地让他们去。可能有的父母会问，学习的时间都不够，哪里还有去散步的时间？那就把“多上一个辅导学校”或者是“多学习一个小时”变换为散步就可以了。

在自己家的周围转一转也好，或者是去附近的公园、市场也好，当然，在离家比较近的小山岗上散步最好。幸运的是，我们家周围的小山坡非常多，即使是没有几棵树的小山坡，也会感觉到空气是不一样的。与孩子一起一边享受着阳光，一边沿着弯弯曲曲的小路登上山坡，马上就会抛开城市的繁杂进入安宁。这安宁可以令你避开所有的噪音，呼唤出你心中的愿望。虽然走的是同样的路，但是既可以陷入自己的想法中，也可以与同行的人一起分享彼此的想法。

一边散步一边用身体感受季节的变化，这也是无法放弃的快乐。在春天经受花雨的洗礼，在秋天又可以接受枫叶的祝福。跟孩子一起行走在这样的环境中，心情是用言语所无法表达的。等孩子长大成人之后，这些就变成了珍贵的回忆。与孩子一起行走的渗透全身的幸福感，对父母来说也会成为最温暖的记忆。

一边散着步，一边就会发现孩子与树木是非常相似的，总是充满了成长的能量。孩子一边散步一边与树木交换成长的能量，并且相互进行激励。可以听见他们之间的耳语："我们要成长得更加旺盛更加健康。"他们在我身边散发着年轻的活力，仅仅这样也让我感到了幸福。

大人们因为小的时候与自然有过非常多的接触，尽情地游玩过，拥有美好的回忆。小时候的这些储蓄可以当做养老金一样来使用，每次稍微使用一点儿，就会在数码时代的喧嚣以及荒凉中得到安慰，从而生活下去。

但是现在的孩子们，大部分从出生开始就总是生活在各种电子声音以及各种喧闹的影像中。每当看到那样的孩子们，就会为他们担心，往后他们该用什么来给自己安慰呢？也会想，散步对于生活在电子时代、数码时代的孩子们来说真是不可或缺的一部分，每天哪怕是 30 分钟也好，如果很困难，一周二三次也好，让孩子们的耳朵远离电子声音，让眼睛远离各种喧闹的影像。这样，不管是精神还是内心都会变得明朗起来。

散步不仅可以照顾到大脑以及情绪，甚至可以照顾到人们的健康，所以是绝对不能错过的，它是我们从每天不断重复着的生活中获取的礼物。对于已经长大的孩子们来说是非常必要的藏宝库。如果觉得没有散步的时间，减少一个辅导学校怎么样？也就是可以看作是去“散步辅导学校”。

9. 那些消极的话是获得健康身体的阻力

应该赋予孩子一种自信，那就是已经健康地来到这个世界上了，以后也会健康地成长下去。

健康是一切的出发点，是幸福的条件。所以有这样的话：“如果失去健康，就等于失去了一切。”健康就是如此的重要，当然，对于孩子也是如此。但是孩子们的健康还有稍微不同的方面，因为孩子们的健康是需要父母来照顾的。那么如果想让孩子健康成长，父母应该如何去做呢？

首先，要经常说一些与健康有关的积极向上的话。我们做父母的总是不经意地说一些类似于“疲惫”、“身体状况不好”、“头疼”、“全身酸疼”等表示自己身体不好的话，这样的话容易让孩子对健康留下不好的印象。听到这些话的瞬间，不仅仅让孩子跟随着产生消极的心情，而且还会直接让孩子感受到获得健康的生活特别不容易。所以父母不要总说这样消极的话，多说一些类似于“不知道为什么今天身体感觉非常的清爽”，“散步之后感觉真爽快”等十分积极的话——必须要去寻找这样的话不是吗？

要让孩子对健康充满自信。我们做父母的总是说一些类似于“如果不把手洗干净就会得流感”，“去打流感预防针，要是不打预防针会出事儿的”等这样的话，让孩子变得畏畏缩缩。健康就像是张大了嘴巴要把孩子吃掉的猛兽一样让孩子们害怕，让他们感到危险。当然这些话也会发挥自己的威力可以让孩子们把手洗干净，让他们乖乖地打预防针，但是，那样的态度会把孩子们对自己的健康的信任，以及自己可以健康生活的自信全部抢走。

虽然有这样的否定的作用，但是妈妈们认为那是对自己孩子的爱的表现，所以总是把“……的话就会感冒、受伤、会不得了、会死”等这样的话挂在嘴边，而我认为“皮格马利翁（Pygmalion）效应”也可以适用在孩子对健康的看法上，应该赋予孩子一种自信，那就是已经健康地来到这个世界上了，以后也会健康地成长下去。

有一部分人，总是说自己这儿疼那儿痒，总是拿着药袋子，这可以看作是自我爱护的一种表现，也可以看作是照顾自己的一种努力。但是，如果让孩子们看到大人们总是习惯性地吃一些并不是必须要吃的药，那么会给孩子留下一种不好的印象。在这样的父母身边长大的孩子喜欢吃药，有非常大的可能会成为带着药生活的成年人。因为父母一直都是孩子的镜子。

其次，父母必须要向自己的孩子展示为了守护健康而亲身实践的样子，只有如此，孩子们才会为了健康而努力。就像这样，“健康”地跟孩子说一些话，保持“健康”的态度，让他们与父母一起做运动，孩子就会像预言的那样健康成长。

现在孩子们不是一般的忙。除了去跆拳道、剑道等运动学校上课之外，很难另外抽出时间参与运动。所以，在平时，哪怕是能够进行简单的散步也是必要的。周末的时候和孩子一起打羽毛球、骑自行车、登山、踢球等都是很好的。无论是为了身体的健康，还是为了精神的健康，都需要运动。周末运动可以将一周之内积攒的压力以及各种不适全部消除。

爸爸妈妈都要成为和孩子一起运动的同伴。散步的时候跟妈妈一起，周末运动的时候跟爸爸一起，这样交替着，夫妻两个人不仅可以分担对子女的教育，而且还可以让孩子平等地看待两性。

小静已经上六年级了，她的爸爸非常喜欢让孩子运动。到了周末，就会去爬北汉山或者是冠岳山，有时候也会在汉江江边跑步，真是爱运动的典范。但是小静的爸爸不经意间是让孩子们在一种威严的氛围下运动，孩子们甚至不敢说自己不喜欢。可能正是因为如此，小静并不喜欢周末，甚至希望周末永远不要到来才好。

“我讨厌周末，如果没有周末就好了。我不喜欢与爸爸一起运动。登山必须要爬到山顶才行；跑步必须要跑 1 万米以上才行；下雨天也必须要去跑步。如果我说不喜欢，他就会大声训斥我，所以只能去跑，虽然跑是跑了，但是我真的不想去。以前，爸爸曾经伤到过腿，打上石膏在医院里住院，那时候我真的是非常高兴。因为有一段时间可以不用去做令人讨厌的运动了。”

尽管我们知道让孩子多运动有多么的好，但小静的态度也不是大家希望看到的样子。归根结底，运动是为了变得更幸福，在运动过后必须要让孩子们感受到畅快，感受到快乐，必须要让他们自己喜欢上运动才行。所以，想让孩子自觉地运动，就要先说服他们、引导他们。

如果经常运动，当然还可以预防和解决现在的孩子们的肥胖问题。肥胖不仅是健康的大敌，而且还会导致其他问题的出现，这是我们做父母的尤其需要注意的。

TIPS：

肥胖儿童所存在的问题

1. 情绪上的问题。

/害怕。

/抑郁。

/脾气暴躁。

/很难入睡。

/对每件事都有很多担心。

2. 交友关系上的问题。

/ 不能与朋友们亲近。

/认为其他的孩子不想与自己交朋友。

/感到朋友们都在逗自己玩。

/认为同样大的孩子们做得很好的事情自己完全做不到。

3. 学习上的问题。

/上课的时候不能很好地集中思想。

/很难跟上学校的学习进度。

/由于身体经常不舒服所以经常缺课。

/没有什么特别的病也经常去医院。

资料来源：三星首尔医院小儿青少年精神科

10. 与孩子分享的话题不是只有学习

对于那些因为学习而疲倦的孩子，尤其需要用学习之外的话来让他们轻松地呼吸。

现在，妈妈们最关心的事情就是孩子的学习，每个家庭的生活都以孩子的学习为中心，每天重复的话题也是学习、学习。

“功课做完了吗？赶紧去辅导学校！”“作业要按时完成，总是拖延怎么行呢？只有这样学习成绩才能好呀！”“课外辅导老师马上就来了，赶紧准备！”妈妈们总是不断地催促着孩子。

“楼上的 xx 学习特别好。他学习那么好，他的爸爸妈妈该多高兴啊，即使不吃饭也觉得饱了。”“妈妈朋友家的儿子这次考上了首尔大学。”这些话听起来好像说的是身边人们的故事，或者是邻居家的事情，但是实质内容还是学习。

妈妈们会提出类似于“如果你这一次考入前 10 名，就给你买最新型的手机，所以赶紧认真学习”、“如果这次期末考试平均成绩超过 90 分，我就会在放寒假的时候带你去做你一直都想做的双眼皮手术，所以认真学习吧”这样的条件进行鼓动，归根结底还是为了让孩子好好学习。

做妈妈的甚至是达到了“只要是为孩子的学习，不管是什么事情都可以做到”的程度，非常执着，思想可谓非常伟大。在这样的环境中长大的孩子们不可能不知道妈妈最关心的就是学习问题，也非常清楚自己的妈妈希望自己能够成为学习很好的孩子。

孩子们为了满足妈妈的愿望而努力，所以孩子们最关心的事情以及最大的希望就是好好学习，也正因为如此，孩子们的幸福以及苦恼几乎都围绕着学习。当成绩下降，或者是考试没有取得好分数的时候，就会产生很大的挫折感。他们会把原因归咎于自己无能，又感觉到辜负了父母的希望，很抱歉让父母伤心，甚至认为自己是让父母失望的坏孩子，上升到了“自己是不肖子”的层面上。孩子们自己为难自己，这些被学习赋予的负担、压力、责任感以及考试失败的悲观情绪，我们通过很多青少年自杀案例就可以一目了然。

在人的一生中会有无数次的考试，不管是谁都会有考试失败的经历。每当这个时候，只要努力寻找失败的原因，寻找下次可以做得更好的方法就可以了，可孩子们却把类似于期中考试没有考好这样的小失败都看作是关乎生死的大问题。实际上，他们真的会站在“生”与“死”的岔路口做选择，而我认为这正是大人的过度执着所带来的结果。

那么应该怎么做呢？我的意见是需要有意地与学习保持一定的距离，要和孩子多进行一些学习之外的话题的交流。对于孩子们来说，一天的时间不论是在学校里还是在家里，以及在辅导学校，都在不间断地学习着。说说话，聊聊天，对他们来说是难得的休息，是让他们重新振奋精神的清凉剂。所以为了让孩子们学习好，需要探究、寻找的不是如何让他们学习下去的路，而是如何找到一些谈得来的话题。愉快的谈话犹如给孩子们的大脑注入的氧气，只有这样，孩子们才会带着好心情投入到学习中，才会产生全身心热爱学习的力量。

在照顾孩子日常起居的时候也不要总是把“学习”二字挂在嘴边。可以用“这么快就5点了”这样的话来告诉孩子时间，代替“快去写作业”、“快去辅导学校上课”这样的命令式的话语。让孩子们自己记起到了写作业的时间，到了应该去辅导学校学习的时间，从被动转化为主动。

当谈论邻居的事情的时候，也最好将注意力从“学习”上转移开。要学会控制自己的嘴，用“那一家人给人的印象都很好，看上去很温和”这样的方式来交谈。想用社会上成功人士的事例来激励孩子，启发孩子们前进的时候，不如放弃“因为学习好而取得成功”的榜样，改用那些“向着自己的目标不断努力最终取得成功”的榜样。不要让孩子觉得只要学习就行，学习就是他们的全部，因为如果被学习压制住，对于这个世界的好奇心也会慢慢地消失。

“这个世界上为什么有这么多需要学习的东西！好多东西都需要记忆。如果长辈们安安静静的，我们就可以舒舒服服地学习。真不知道为什么要做那么多的事情呢？那样安静地待着多好，也可以让我们这些后辈舒服地生活。”

海志是小学三年级的学生，他已经陷入了对学习的厌烦中。对于那些因为学习而疲倦的孩子，尤其需要用学习之外的话来让他们轻松地呼吸。

用学习之外的话来为他们提供休息的时间，让他们可以重新振奋精神，只有这样才能让他们重新回到学习之中时感到轻松和快乐。所以，如果希望孩子可以好好学习，就需要经常说一些学习之外的话。可以跟孩子一起看电影或者是看动画片，必须要做一些与学习完全没有关系的活动。

说一些学习之外的话，做一些学习之外的活动除了可以让孩子们好好学习之外，还有其他的优点，比如说，向孩子们暗示了，这个世界上除了学习之外还有很多值得关心值得研究的事情。

有一天，移居到美国去生活的朋友给我来了电话：

“韩国人不是普遍认为美国中学的孩子都不怎么学习吗？但是我来了之后发现并不是那样的。美国中产阶级对于子女的学习也是费尽心机，让孩子们学习很多知识和技能，甚至是进入名牌大学所需要的俱乐部活动也很用心地帮助孩子准备。你不知道他们有多么认真，总是用车载着孩子们到处走。他们与韩国人的不同之处在于，到了周末的时候会完全为孩子们转换气氛，他们非常注重用学习之外的事情让孩子们重新振奋精神。就好像是这里的政策一样。他们认为，只有这样才会让孩子们有新的开始，在新的一周到来的时候就可以更加认真努力地学习。”

我总是反复思考她说的话，也想自己实践一下。可能正是因为如此，每当有特别的原因或者是由于韩国的实际情况而不能这么做的时候，我就会对孩子们感到很抱歉，内心不能释怀。

11. 一定要学钢琴吗

难道没有既可以实现妈妈的目标，又可以让孩子通过钢琴了解音乐、喜欢音乐，并且享受音乐的办法吗？我思考之后，找到的办法就是“首先休息一步”作战法。

韩国的家庭钢琴拥有量以及接受钢琴教育的学生数量比例可以说是世界第一，比音乐国度奥地利的家庭钢琴拥有量还多。但是如果问是不是我们比他们要更喜欢音乐，是不是对音乐有更深的感情，答案好像是否定的。我们国家的人们关心的重点和目标只是培养出会弹钢琴、非常有教养的孩子。而且，还有一些妈妈，是因为自己小的时候没能学钢琴，所以一定要让自己的孩子会弹钢琴，来解开自己的心结。

“你家孩子最近还去钢琴辅导学校上课吗？现在学到什么程度了？”

“弹了30遍车尔尼练习曲之后就不学了。现在上五年级了，应该要学习英语、数学之类的了。”

“我们家那个也是可能觉得弹30遍‘车尔尼’就该不学了，不知道闹脾气闹了多长时间。”

“只有弹到30遍‘车尔尼’之后，才能达到会看乐谱的水平，而且即使到了中学也不会忘记学过的理论。”

“说的不就是嘛，因为再学其他乐器的时候看懂乐谱是最基本的，所以必须要学好钢琴才行，但是不知道孩子有多么讨厌练琴，所以到现在进度仍然停留在拜厄教程上。等到了高年级就要多学英语、数学之类的了，所以现在应该认真学习钢琴，但是就是不听话。”

这是在公寓周围走走就经常能听到的对话。只要是小学生，几乎没有不被妈妈牵着去钢琴辅导学校学钢琴的。如此看来，孩子们从小开始就受到了很多来自钢琴的压力，围绕着钢琴与妈妈产生的矛盾也不少。

“我真搞不明白这个世界上为什么会有钢琴。光是看到曲谱上密密麻麻的‘豆芽菜’就够让人感到头疼的了。但是如果不去钢琴学校的话妈妈肯定得打死我，所以是没有办法才去的。妈妈说只要弹 30 遍‘车尔尼’就给我买手机，所以才一直坚持着。”

妈妈们通常都是采取威胁加收买的方法让孩子们达成目标，这时孩子喜不喜欢音乐并不是那么重要，所以孩子们所遭受的“折磨”是非常严重的。相对而言，男孩子们的妈妈比较容易放弃。

“都过了好几个月了，连简单的乐谱也看不懂，这孩子只要坐到钢琴边上就会唉声叹气，说自己坚持不下来。没有办法，只好就不让他学了。要是能弹当然好，但是男孩子好像不会弹也可以。”

但是，女孩子们的妈妈却不是这样想，她们强制自己的女儿必须要去学钢琴。如此一来，孩子与钢琴成了仇人，甚至和妈妈也成了仇人。

难道没有既可以实现妈妈的目标，又可以让孩子通过钢琴了解音乐、喜欢音乐，并且享受音乐的办法吗？我思考之后，找到的办法就是“首先休息一步”作战法。

不管是什么乐器都很相似，如果想要学好钢琴，并不是一天两天，也不是一年两年就能学好，而需要一直学下去。而且，随着进度的提升，每天需要练习的量也有很大的增加。这样看来，就算是非常喜欢弹钢琴的孩子也会很累。

我们家的孩子也是一样。如果连续学习七八个月就会显露出非常明显的疲倦的神色。那么就要在孩子自己开口之前，先问一问是不是要暂停一段时间。可能由于是妈妈首先提出来的，所以虽然孩子的确是想停下来，但是也不会立即回答："嗯，我也想要休息一下。"妈妈理解的态度多少让她舒服了一些，因此即使很累也会说："我再弹一段时间吧，累了的时候再休息。"然后又会忍耐着再弹一两个月。虽然孩子们还很小，但是仍然会对自己说出的话负责。

但是我不会让孩子继续弹下去。因为我知道孩子已经忍了好久了，我觉得这是一个关口，所以很果断地让她停了下来。在她们变得厌烦之前停下来，那么她们就可能再次回到钢琴上去。在孩子学习钢琴的几年间，如果遇到这样的关口，我就让她们停下来休息，把这当做是送给她们的礼物。

这是一个行之有效的战术，两个孩子停止学钢琴一阵子之后，我就发现了她们全新的模样——她们常常主动坐到钢琴前边——现在上大学的老大跟上小学六年级的老二都这样，比如学习累了休息的时候，或者结束了前一段功课，要开始下一项课程之前，她们就弹一会儿钢琴，然后再继续其他的事情。有时候两个人还进行长笛与钢琴的二重奏，有时候还会自己作曲、演奏并录音之后拿来给我们听。以前让她们觉得非常辛苦的钢琴，现在成为了享受。

不管是弹得好还是不好，钢琴都在给孩子们安慰，所以应该是非常高兴的，就好像结交了一个可以陪自己到最后的朋友一样，会带给自己一种满足感。在漫长的人生路上行走的时候，肯定会遇到不止一次的困难，或许，孩子们到了那个时候会一边弹着钢琴一边安慰自己，自己拍拍自己的肩膀，重新获得力量。

正是如此，如果能与钢琴好好相处，钢琴就会成为孩子一辈子的朋友。带着让孩子结交可以相互陪伴一辈子的朋友的想法，妈妈们不要再推脱不要再犹豫，制定属于自己的策略，帮助孩子们渡过一个个关口。

12. 不会画画的妈妈也可以让孩子爱上美术

比起让孩子先学一些技术，最先要做的就是在孩子的内心深处营造出无数美丽的画面来。

围绕着孩子们的美术教育，妈妈们也有很多要说的话。单把妈妈们说的这些话收集起来也完全可以编写成一本书了。

仔细听一听，就会发觉当下的美术教育也离不开对成绩的注重。去某个美术辅导学校学习了，所以这次在美术比赛上获奖了；那个辅导学校的评价不错，这次有 20 名学生考入了美术大学等等，大家似乎都在用这些来判断一个美术学校的教育成绩，对于是否为了培养孩子的基本美术素养而努力，或者是为了扩大孩子的视野而在做尝试则不太关心。

而对于并不在意一定要在美术方面取得成绩的妈妈们来说，也会将孩子送到美术班学习。妈妈们好像普遍认为就应该让自己的孩子上辅导学校，如果压力不大还能抽出时间来就再去另外的辅导学校。算一下，孩子们必须要去的就已经有英语、数学、运动、钢琴、美术 5 个了，需要把这些全部消化掉的孩子们就变成了“大葱泡菜”——软塌塌地蔫掉了。

想要培养孩子的美术素养必须要去美术辅导学校吗？我们都知道，开发孩子的运动或艺术潜能从小时候开始比较好，但是，孩子不想学的时候，或者过于年幼的时候就把孩子交到辅导学校，不用说开发素养了，弄不好适得其反，好像一棵嫩芽受到了摧残。孩子不仅丧失了对美术的兴趣，而且还会被大人们主观地判断成没有这方面的天分。

那么，画家们是如何对孩子进行美术教育的呢？我对这个问题一直都很好奇。所以，有一次我与某一位为童话书画画的画家见面的时候就问她，她回答说：

“所谓的教育就是一边想应该需要什么，然后跟着自己的想法培养。美术教育其实也没有什么特别的，想一想，我们并不是因为小的时候去了辅导学校或者是跟某一个人学习了，所以现在才在画画。”

“听上去好像说得很正确。现在正在写文章的我，也不是因为小的时候去了辅导学校或者是跟某一位老师学过之后才走上写作这条道路的。”

“但是，做父母的都想让自己孩子的心里能够充实一些，让孩子与书亲近，带孩子去参观展览会，也经常和孩子一起去旅游，最近，有很多小朋友去演艺学校上课也是因为这样的原因。其实生活本身就能对提升美术素养起到帮助作用。”

我觉得她说的话挺正确，所以就把这些讲给邻居艺智的妈妈听，没想到艺智的妈妈听了之后差点没跳起来：

“那是因为她是个画画的专家，即使不进行特别的教育，她家的孩子平时看着自己的妈妈就能学到很多。但是像我们这样的普通家庭，要是也那么做就不行了。而且，孩子上中学之后，实际动手能力的测评占了考试成绩的一大部分，如果不提前做准备就该出大事儿了。因为不管其他的科目有多么好，如果美术成绩不好的话，平均成绩一下子就掉下来了。所以必须要熟悉水彩画、素描等等，一定要打好基础才行。如果不这样就会出现成绩管理失败，就不能进入前几名了。”

如果把从事美术工作的画家和不是美术专业的艺智的妈妈的话放在一起综合一下，也许我们就能找到一条普通妈妈可以选择的道路——

在美术教育方面，比起强制让孩子去辅导学校学习，首先必须要做的就是在孩子的大脑以及内心为美术建立起良好的丰富的印象，以此来把握住方向。带着孩子去好的辅导学校，带着孩子去散步，让孩子多读一些好书，让孩子一边听着音乐一边沉思，多给孩子一些这样的时间。其实书中有很多非常优秀的图画，而且听着音乐的时候我们的脑海中会浮现出无数的画面。孩子们通过散步、读书、听音乐，可以在自己的心中浓缩出无数的画面，时机成熟就会按照他自己的理解描绘出图画，来表现自己的内心所想。这就是作品，这就是艺术！

所以，在孩子小的时候，不要像是榨油一样榨干孩子的时间，首先要做的是为孩子准备出以后创作的画面资源，需要对他们进行引导，然后让他们按照他们自己的想法去熟悉一定的技术以及技法，这样应该会看到效果。

比起让孩子先学一些技术，最先要做的就是在孩子的内心深处营造出无数美丽的画面来。

13. 孩子是在童话中长大的

童话书会开启孩子的心灵，对孩子进行安抚，给予他们慰藉，可以帮他们解决对这个世界的好奇，可以将孩子体内成长的能量向着正确的方向引导。

“以前的父母，大部分都养育着五六个孩子。现在基本是一两个，但是不知道为什么会这么累。”

“确实是这样。必须做但是却怎么也做不好的就是‘父母’这项工作；不能按照自己设想的去发展的就是孩子的教育。”

如果妈妈们聚在一起就会不停地唠叨，这是什么原因呢？

“全都是因为学习。现在的孩子，从小就面临相当重的学习压力。父母总是对孩子抱有过高的期待以及过多的欲望。在父母的内心深处都有一个标准，觉得自己的孩子必须要达到这样的标准，如果达不到，孩子就会受到训斥，看上去就像存在什么问题一样。”

“看上去现在的孩子们在情绪上也是非常的不安。小女孩好像是离开地面10厘米生活一样，而男孩子们则好像是沉迷于酒精中。学习上受到来自辅导学校的压力，所谓的休息最多就是看一会儿电视或玩一会儿电脑。可能就是因为这样才会感到不安。”

不管是站在父母的立场上看，还是在孩子的立场上，现在的世界已经变成了一个生活很不容易的世界。

然而，感觉到孩子们不安也很有可能是父母们的一种错觉。

由于彼此间的距离太近，所以就只看到了孩子们的缺点。原来的父母与自己的孩子之间是有距离的。由于养育的孩子比较多，所以对每一个孩子的关注只能减少，又因为生活非常困难，所以孩子们成长过程中出现的这样那样的苗头是不怎么能觉察到的，所以经常忽视了。

如果现在的孩子们在情绪上真的很不安的话，我认为他们在城市的混凝土建筑中成长生活也是其中的一个原因。孩子们是“小动物”，而且儿童时期比人生中其他任何时候的动物属性都要强烈，他们需要与自然进行交流从而寻找情绪上的安定，但是通路却一下子被阻挡了起来。从前，虽然父母也喂孩子吃饭，帮他们穿衣服，哄他们睡觉，但是却是在开放的情境下把孩子养大，人类作为动物的与生俱来的能量具有充分的释放空间，但是在城市生活之后，那条路却被阻挡了起来，孩子像被关在了笼子里。孩子非常累，所以大人们很有可能把疲倦的孩子们的模样理解成了情绪不安。

看上去不安的孩子有很多这好像也是事实，像醉酒一样生活着的孩子也不在少数，尤其在低年级的孩子中这样的情况更多。让人感觉到，如果除去最基本的吃饭、写作业这样的对话，就很难顺畅地与他们交流。甚至有时候会想，他们是不是来自其他星球。

有一些妈妈曾经说过这样的话：

“因为小女孩比较听话，所以没什么问题，但是小男孩并不是如此，所以偶尔也需要鞭笞，因为如果不教训就不会好好听话。”

“那是孩子们小的时候，等到了小学高年级的时候看看。让他去学习，就会很犟，根本不听话，有时候真的是快被气疯了。有的孩子还会不耐烦地说‘知道了’或者是顶嘴，每当这样的时候简直气得快要跳起来了。”

“有时候还会与孩子相互折磨，在这样的‘战争’中就会想，我们这到底是什么因缘，竟然以父母与孩子的身份见面相互斗争，这样想着就会不知不觉地发出叹息声。”

其实不管教育孩子有多么困难，总还是有办法的，那就是利用书籍。其中童话书最好，如果给孩子读童话书的话，出乎意料的，很容易地就把问题解决了。童话书会开启孩子的心灵，对孩子进行安抚，给予他们慰藉，可以帮他们解决对这个世界的好奇，可以将孩子体内成长的能量向着正确的方向引导。安安静静地用故事进行对孩子的劝导说服，如此一来就减少了孩子的反感，让孩子在不知不觉中获得教益。

在读童话书的时候，孩子们都好好地待在位子上，所以以前孩子们像是屁股上安装了马达一样到处乱跑的状况也会渐渐好转。

问题是，很难让孩子们跟童话书亲近起来，这是需要父母的努力的。这一步做好了，父母就只负责喂孩子吃饭，帮孩子穿衣，哄孩子睡觉就可以了，其他的教育问题就都可以托付给童话书了，可以减少很大一部分养育孩子的压力。现在的童话书多种多样，不仅可以为孩子提供知识信息，还可以对孩子进行社会教育、历史教育、生活教育等等。

但是，由于学习的关系，孩子们到了小学五六年级的时候就基本上不读童话书了——是妈妈们不让他们再读了。三四年级的时候还让读的，但是到了小学高年级，妈妈们就希望孩子把读童话书的时间用到学习英语和数学上。这一现象从童话书的销售额中也可以很直观地显示出来，以高年级的学生为对象出版的童话书销售量并不高。

除了英语、数学以及电脑之外就什么都没有的空虚的内心，以及对世界上的各种事情都已没了兴趣的疲倦的眼神，每当看到这样的孩子就觉得非常心痛。并不是只让孩子去努力地学习就够了，我们大人也需要认真努力地学习。所以必须要找出可以让我们的孩子更幸福的方法。

III

好习惯！好习惯！

没有好习惯，
一切都是空谈。
“妈妈”这个职责的要务，
就是帮助孩子，
将好习惯进行到底。

1. 生活习惯排在学习之前

好的习惯是对未来的一种投资，可以决定孩子的未来。所以比起学习，要更加注意让孩子养成好的生活习惯。

父母都希望自己的孩子学习好，但是如果想让孩子学习好，就必须先培养其良好的生活习惯。一旦有了好的生活习惯，学习自然就会变好。

年龄越小越有利于好习惯的养成，因为坏的习惯还没有成型。俗话说，“3 岁看老”，小时候形成的习惯可以伴随终生。

从这一点来看，培养孩子的生活习惯应归属于早期教育。1 岁的时候学习英语、数学并不是早期教育，在家庭中培养起孩子好的生活习惯才算是真正意义上的早期教育。然而即便如此，妈妈们仍然热衷于让自己的孩子早早开始学习英语、数学以及各种艺能。但是没有养成好的生活习惯的孩子，即使接受了各种辅导教育也很可能没有什么效果。

正贤现在已经是六年级的学生了，但是仍然没有养成遵守时间的习惯。上学经常迟到，放学之后去辅导学校也很难准时。他利用妈妈上班这一点，总是最大限度地拖延时间。如果妈妈到了他该去辅导学校上课的时间打电话给他，他就会说“现在就要去了”，或者是让弟妹们说他已经去了。拖到妈妈下班的时候才不得不离开家，所以综合班上课的时候经常会迟到一个小时。

这样的情况学习是不可能好的。正贤这样的坏毛病并不是仅仅限定在学习上，每当到了全家都去教会的周日，就会引起一阵骚动，因为家里其他人全都准备好了，但是却不能出发，必须要等磨磨蹭蹭的正贤，所以每次礼拜的时候都迟到。但是即使看到家人们遭受这样的尴尬，正贤也不会改掉自己的坏毛病。正贤的妈妈说：“由于我天天上班，所以孩子就变成了现在的样子。”但是我认为是孩子没有养成好的习惯，与妈妈上班是没有关系的。

习惯是可以在体内形成时钟的。习惯早晨6点起床的人，不用任何人叫醒，只要到了6点就会自动醒来。

习惯既是体内的“时钟”，同时也是传感器，把不好的东西抛弃掉，然后寻找出好的东西让它们扎根在自己身上，习惯就是这样的“身体传感器”：如果不洗手就会有什么东西催促着你一样，必须得洗；看到大声喧闹的孩子就觉得非常的难受，所以自动降低自己的音量。

如果想让孩子养成好的生活习惯应该怎样做呢？怎样才能帮助孩子在他们的体内形成好的“身体时钟”和好的“身体

传感器”呢？

这个问题很简单。父母变成孩子的榜样就可以了。

为了让孩子养成良好的习惯，让我们找出妈妈们必须要做的事情——

1. 有规律地生活。如果妈妈对于吃饭睡觉的时间很随意，但是却要求孩子形成有规律的生活，那真是非常勉强的事情。

2. 必须要遵守约定。不仅仅是与孩子的约定要遵守，而且在生活中与其他人的约定也要看得很重要，要去遵守。

3. 必须要勤劳。比孩子起床还要晚，到了晚上穿着运动时的衣服在床上滚来滚去，这样的妈妈没有资格让孩子认真学习。

4. 在让孩子去读书之前必须先要变成读书的妈妈。如果妈妈天天带着书生活，孩子自然而然就会变成读书的孩子。

5. 必须经常运动。如果妈妈讨厌运动，孩子也很有可能会变成那样。

好的习惯是对未来的一种投资，可以决定孩子的未来。所以比起学习，要更加注意让孩子养成好的生活习惯。一旦养成了好的生活习惯，就会像土豆的藤蔓上挂满果实一样，人生中也会收获累累硕果。

2. 只有起得早，一整天才会过得好

不管对谁来说，不管是什么时候，“开始”的意义都是非常重要的，而且力量也是很强大的。

每到年末，人们就会旅行到海边或者山里去看日出。因为想要看见别样的日出，所以都很积极地出发，高速公路上还会因为这个发生堵车的情况。不能出门进行“日出旅行”的人们，也会到江边或者是小区后边的山上迎接太阳。太阳出现的时候，就会听见到处都爆发出欢呼声。看着缓缓升起的太阳，满心涌起的都是感谢，人们会在这一刻制订自己的新年计划，许下自己的新年愿望。

“人们为什么那么喜欢新年的太阳呢？难道1月1日的太阳真的有什么不同吗？”

每当看到看完日出之后慢慢散去的人们的背影，我就会陷入自己的沉思中。

仔细想一想，就会发现其中蕴含着“开始”的意义。不管对谁来说，不管是什么时候，“开始”的意义都是非常重要的，而且力量也是很强大的。如果能够迎接到全新的太阳，就会觉得一整年都能一切顺利，就会生出新的决心，这样的决心在一年之中就会像奥林匹克圣火一样熊熊燃烧着。所以，新年第一天的日出是希望，是决心，是期待。

然而并不是只有新年的第一天才有太阳升起，每天早晨都会有太阳升起来。如同新年第一天的太阳被赋予了不同的意义一样，其实也可以向每一天早晨的太阳许下自己的心愿，可以生出决心，可以期待展开美好的新一天。

但是，我们并没有给每一天早晨的太阳注入什么意义，只不过是没有任何想法地迎接或者是被动地迎接。对于慵懒以及讨厌早起的人来说，早晨的太阳就是他们抱怨的对象——“为什么太阳每天早晨都要升起来呢”，根本就不会是他们许愿、下决心以及期待的对象。但是不管怎样埋怨，不管喜欢还是不喜欢，每天早晨太阳还是照常升起，面对这缓缓开启的新天地，我们是不是应该度过有意义的一天呢？

如果想要度过有意义的一天应该怎样做呢？每天的早起就是重要的开始。只有早起，一天才会过得顺畅，一天的运转才会正常。总之，只有早起，这一整天才会神清气爽地度过。

对于成年人来说，如果成为“早起型的人”，那么每天就会比别人多拥有一两个小时，在寂静的凌晨迎接新的一天，将重要的事情集中精力解决。我每天早晨 5 点起床，工作到 7 点，效率比白天工作三四个小时还高。

当然，孩子没有必要非得起得这么早。因为对于成长时期的孩子来说，清晨的觉最香甜并且是非常有意义的，这只有小时候才能感受到，是不可以错过的礼物。但是，在吃早饭前一个小时起床是比较好的，这样不会眼睛都没睁开就坐到桌子前边，也不会来不及吃饭就从家里跑出去。留出一定的余暇才能确认一下当天的时间表，才能检查当天需要带上的物品是否齐全，也才能做好与老师、朋友见面的准备。

也可能会问，前一天晚上都准备好了再睡，不就可以早晨晚起一会儿了吗？但是，即使前一天晚上准备好了，第二天早晨也是再重新检查一下比较好。

就像是诱惑中常常有陷阱一样，早觉的诱惑中也布满了陷阱。如果掉进诱惑起晚了，就会出现一些不和谐的声音——“上学要迟到了快点儿准备！”“现在不正在很快地准备着吗？”“你为什么每天都迟到呢？”从早晨开始就听到一些令人不高兴的话，这一天都会沮丧。

带着这样的状态去学校，心情当然不可能很好，没准儿会跟朋友吵架，吵架之后就会被老师批评，又会迁怒身边的朋友……就像是多米诺骨牌一样引起连锁反应。

爱睡懒觉的胜宇在早晨总是陷入一片吵闹声。胜宇从来就没吃过早饭，由于起得比较晚所以根本就没有胃口，而且也没有时间吃早饭。即使不吃早饭时间也很紧迫。头发就像鸟窝一样，衣服扣也没能扣好就从家里飞奔出去，但是仍然经常迟到。由于迟到了所以被老师教训，由于是跑着到学校的所以很疲倦地坐到桌子前边，从早晨开始就浑身无力。可能是由于没吃早饭，所以大脑也不运转，学习内容也不能理解，还总是打瞌睡，因此常常受到老师的批评。可能由于总是看见胜宇被老师责骂，所以其他的孩子也总是欺负他，于是胜宇经常跟朋友打架。

的确，孩子们也需要为迎接新的一天做好准备，需要早早起床规划全新的一天。每天是被动地被拖着走，还是主动地自我主导，这全都决定于早晨。俗话说“早起的鸟儿有虫吃”，只有早早起床得到的东西才会多。

大人们可以自己下决心，每天早晨早早起床，但是孩子们就不行了，如果父母不细心照顾，孩子就不可能成为“早起的鸟儿”。

TIPS：

父母让孩子早起的方法

1. 要比孩子起得早。

2. 打开窗户，让屋子里充满清爽的早晨的气息。

3. 把孩子叫醒，与孩子一起喝一杯清爽的凉水。

4. 与孩子一起面向窗户站立，做3分钟伸展运动。

3. 一味说教不如用点策略

现在想一想，就会发现其实我的父亲也想说“去学习吧”，只不过他把真心的想法隐藏起来，采用“迂回战术”。

我们对于生活的态度以及教育下一代的方式基本都是从父母身上继承的，所以当我们有了孩子之后，就经常会把自己父母亲曾经使用过的方式应用到孩子身上。有时候即使知道存在问题，也还会那样做。自己小的时候不喜欢的一些方式，却原封不动地应用到自己的儿女身上。是不是由于小时候比其他任何年龄段都更容易受到影响，又经过了很长时间的浸润，所以把一个家庭的习惯和传统沿袭了下来，甚至已经渗透到自己的潜意识当中？养育着一个正在上小学的孩子的贤景就是这样的例子。

“我有时候会很郁闷，也会对不知不觉就总是发火的自己进行反省。我想好好培养自己的孩子，所以只生了一个，但是我的培养方式也常常让我感到非常不满意。当然，平时我觉得自己还算是一个不错的妈妈，能仔细倾听孩子说的话，也总是努力地去理解孩子，但是有时候会发很大的火，然而过后就会发现其实根本不需要发那么大的火。一点儿微小的错误我就会对孩子大喊大叫，把孩子从身边赶走，有时候还会训斥责打孩子。我小的时候我的妈妈就是那样对我的，我曾经下定了决心，如果以后我生了孩子，绝对不会那样对待孩子。但是，我现在正在重复妈妈曾经做过的一切。明明是自己非常讨厌的样子，可如果愤怒一下子涌上来就很难调节。当像暴风一样的火气沉寂下来之后，就会因为自责而郁闷，没有了力气，甚至是连清扫、做饭这样的日常工作也无法继续下去，让自己陷入了没有活力的处境。如果想到‘孩子是怎样看待我这个妈妈的呢’这样的问题，就会觉得没有脸见孩子。为了忘记自己所犯下的错误，就想去更好地对待孩子，但是没过多久就又爆发了。虽然也反省过，但是并不好改。”

过去，可能是由于教育水平低，生活也很困难，再加上孩子数量多，所以曾经是有很多这样的父母，他们随心所欲地对待自己的孩子，责骂他们，或者动手打，而不是守望着他们。

但是这样的父母给孩子留下的也并不全都是不好的影响，因为起到了“我绝对不会那样做”的反面教材的作用。由于有这样的经验，所以孩子就会树立更好一点儿的目标并为之努力。

如今的世界有了很快的发展，在经济上更加自由，出生率的降低也使得父母们可以顾及到孩子琐碎细小的情感。而且，只要是关注的话，就能从书本上或者是网络上分享到一些多种多样的教育信息。看一看近年来父母们照顾孩子的样子，就会感觉到在子女教育方面真的是有了很大的进步。这就是不停反省、努力寻找更好的方法并不断学习的结果。看到孩子们受到的教育以及父母的作用在一步步彰显，就会看到希望。

我们从自己的父母那里继承到的还有诚实、勤勉、忍耐以及生活的技能等等。找出每个家庭像宝物一样的本质，适用在孩子身上也很好。

任何一个家庭都有那样的宝物，对于我们家来说，那就是："休息，休息。"

不管是以前还是现在，父母对于孩子们的学习都非常执着，所以嘴上总是挂着"去学习"这样的话。甚至有这样的调查结果，孩子从父母那里听到的最多的唠叨就是"去学习"。但是我的父亲却总是让我们休息，学习的时候是如此，不学习正在玩的时候也不会说让我们赶紧去学习的话。

但是学习的时候听到"休息一下，休息吧"这样的话却不会休息，因为我会想，原来爸爸在为我着想呢，所以怀着感谢的心不能休息。还想要报答，所以就拒绝"休息"这句话，即使休息也只是很短的时间，然后再接着学习。这就是"休息，休息吧"这句话的魔力。

没有在学习的时候，突然听到"休息，休息吧"这样的话，幼小的心灵就会感到自责。所以即使还想再玩一会儿也会悄悄地把书找出来学习。所以用"休息"来代替"去学习"，这是逆向思维的一个成功案例。

现在想一想，就会发现其实我的父亲也想说"去学习吧"，只不过他把真正的想法隐藏起来，采用"迂回战术"。不管怎么说，这一战术对幼小的我们来说效果还是非常大的。每当听到"休息吧"这句话内心就泛起了涟漪，因为觉得自己必须要学习。但是当然，心里会舒服很多，不像听到"学习吧"这句话的时候那样会反感。现在，当律师的哥哥偶尔还这样说：

“由于爸爸总是说‘休息吧，学习就是应该一边休息一边学的’，所以都不能不学习。听了这样的话怎么可能不学习呢？”

我也经常把这句话用在我的孩子们身上。虽然时间已经过去很久了，孩子们也已经不是当时的孩子们了，但是到了现在仍然很有效果。如果有意无意地说“休息吧，休息吧”，孩子就会说：“到现在为止一直在玩了，为什么要说这话呢？”或者是：“还没有学多少呢，从现在开始认真学习。”经过时间验证了的策略，效果再一次得到确认。这就是说，在子女的教育上，要有自己的想法。

每当想对孩子说“去学习”这样的话的时候换上这句如何呢？肯定有人要说：“如果孩子真的听了这句话就尽情地玩要去了，那该怎么办呢？”当然，肯定会有这样的孩子的，我的哥哥们其中有一位就是这样的，每当听到“休息吧”这句话的时候，就会兴高采烈地离开家去外边尽情地玩儿。由于得到了允许，所以更可以放心地尽情地玩要了。曾经那么爱玩的他，现在成为了一个也让孩子们尽情玩要，非常了解孩子的心理的教师。也就是说，即使真的听话地去玩了也不是什么坏事，因为比起听到“去学习吧”这样的话还去玩的孩子，听到“休息吧”这句话而去玩的孩子内心更舒畅。能够放心地尽情地玩要对孩子们来说是一件礼物，而且悠闲地休息是生活中所必需的一部分。所以是不会亏本的。

每个孩子对于这样的话的接受程度和反应都会有所不同，因为他们都有自己的个性。不管怎么说，今天就马上对自己的孩子说“休息吧”试一试怎么样？这样才会创造出另一个故事。

4. 孩子的专注力只会保持30分钟

只要记住孩子对事情只能保持30分钟的热情，妈妈与孩子的关系就会变好。倘若保持不到30分钟，也要明白孩子的天性原本就是这样，不要搞得自己心灰意冷。

孩子们不管干什么事情都不会坚持太久，哪怕才只过了一会儿，身子就开始扭来扭去，或者是不断地东张西望，不停地抖动腿，心神不定。但是，这并不是孩子的错，因为孩子的身体时钟与大人是不同的，就像是脚步的大小不同一样。而这在大人们看来，就是“不能坚持很长时间，很容易就会感到厌烦”。

孩子们身体内的时钟好像不能超过30分钟，可以看作是以30分钟为单位进行移动。不管是什么事情，只要超过30分钟就会厌倦，感到疲劳。即使忍耐，注意力也会下降，几乎没有什么效果。学习也是如此。

但是，父母们都希望自己的孩子不停歇地学习，对此非常执着，然而超过30分钟之后的学习，由于是在注意力不集中的状态下进行的，所以几乎没有什么效果。即使如此，父母们也希望孩子安稳地坐在书桌前，因为这“看上去”像是在学习。

每当这样的时候就想一想牵着妈妈的手一起行走的小孩

子，如果不配合孩子的脚步，而是要孩子追赶大人的脚步，孩子就会被妈妈拽得像是离开了地面一样。在别人看来有点心痛，也有点搞笑。

不想变成那样就必须停止，更换方法。如果同一个科目已经学习了30分钟，就让孩子休息。然后再让孩子学习30分钟其他的科目。如果要学习的量很大不能休息，就以30分钟为单位，起来活动一下，之后再继续。更换一下科目比较好，就像是做打糕的时候把豆子与大米粉交替着放一样，学习与休息相互交替，一个科目与另一个科目轮换着，只有这样才会制作出好吃的、不令人厌烦的、可以渗透进入大脑内部的“学习的打糕”。

但是在制作“学习打糕”的时候有必要铭记一些事情。左脑负责听、说、计算、英语、数学、科学等科目，右脑负责听音乐或者是画画、影像等等，所以在实施的时候要参考一下左右脑分别分担的职能。就像是如果右手拿的行李很重就换到左手一样，在制作“学习打糕”的时候，可以把左脑负责的科目与右脑负责的科目分别看作豆子与大米粉来交替叠加。这样做不仅对脑的均衡发展很有帮助，而且还有利于提高集中力。

只要记住孩子对事情只能保持30分钟的热情，妈妈与孩子的关系就会变好。倘若保持不到30分钟，也要明白孩子的天性原本就是这样，不要搞得自己心灰意冷。

只要孩子自觉地学习已经超过了30分钟，妈妈就应该觉得像是得到了福利一样，心情大好。这样孩子自己也很轻松，父母也不用再威逼利诱，双方会相互理解减少不满，也会减少摩擦。如此一来，既促使了自己宽容地对待孩子，也可以让孩子自主地进行有效学习。

但是，最近有很多辅导学校打着“假期集中管理”、“集中学习”、“集中课程”等旗号让孩子长时间地学习，因为辅导学校的利益与父母们过高的期望结合到了一起，所以才有了很多长时间在辅导学校受苦的孩子们。

今年上小学三年级的雅兰跟其他孩子一样要去很多辅导学校学习，其中英语以及数学一周要学3次，每次学习3个小时。

“学英语的时候，3个小时还是可以坚持的。因为老师们也会让我们玩一会儿的，但是上数学课的时候就像疯了一样。每次都有几张考试卷，而且只有快点做出答案才不会被训斥。有时候连续两个小时都在做试卷，头很晕，但是不做不行，如果老师告诉妈妈的话，我就死定了。放假之前的竞赛大会上，我错了两道题只得了铜牌，所以被妈妈狠狠地教训了一顿。妈妈说这个寒假必须要好好地提高实力，如果不那样做我就完了。如果想提高实力也不能去我们小区的辅导学校，必须要去江南的辅导学校才行。”

这种程度其实已经不算是教育了，就像是榨油一样，很容易让人联想到直到压榨出最后一滴油为止的炼油坊。我担心如果这样下去，在孩子感受到学习的乐趣之前就已经先疲倦了。

TIPS：

提高学习注意力的方法

1. 一定要吃早饭。

心脏输送出的血液20%都输送给了脑部，也就是说脑的能量消耗是如此之大，必须用富含碳水化合物的早餐给大脑补充葡萄糖。早餐是大脑运动开始的信号。嚼东西的动作可以刺激大脑，通过消化器官的蠕动来促进新陈代谢。

2. 随时做一下伸展运动。

伸展运动有一个优点，那就是不管在什么地方不管什么时候都可以做。可以放松由于紧张而绷紧的身体，也可以促进血液循环，使左右脑之间血液循环畅通无阻。

3. 准备巧克力、糖或者是蜂蜜水。

谷类的葡萄糖通过消化过程，然后进入到脑细胞被利用，这需要花费很长的时间。摄取一定糖分可以补充葡萄糖。

4. 少吃油腻食物。

油腻食物可以让消化变缓慢，诱发疲劳并容易让人犯困。

5. 按压眼睛之后远观。

双手不断摩擦直到手掌变暖之后，覆盖到眼睛上2~3秒，然后按照顺时针方向按压眼睛周围的骨头。不仅可以缓解眼部紧张，甚至还可以减轻头痛。

6. 摄取铁。

大脑不仅需要葡萄糖而且还需要氧气。铁是血液中血红蛋白的原料。鱿鱼、牛肝、鸡蛋黄中都含有丰富的铁。

7. 摄取维生素B群。

维生素是增进左右脑功能以及身体活力所必需的，并且有利于帮助摆脱疲劳。

资料来源：中央日报

5. 大人也需培养自己与孩子玩耍的习惯

在众多蕴含着惊喜的礼物中，孩子们最喜欢的就是跟父母一起玩耍。当在孩子们眼中像巨人一样的大人们放下所有权威跟孩子们一起玩耍的时候，孩子们会感受到最大的解放感以及幸福感，压力就这样自然地化解了。

站在孩子的立场上来看，这世界充满了不确定，必须要学习的东西也有很多，并且，与大人们一起生活也不是那么简单的事情。虽然可以从大人那里受到照顾，但是大人们总会习惯性地批评小孩子，又总是不停地命令他们干这干那——以这样的角度来看，孩子们是承受着压力的，而且这压力的分量不小。

知道孩子们有压力就要为他们解压。可以让他们享受破格的或者是意想不到的快乐，还要对他们多加关心和照顾，创造让孩子们忘记压迫感的机会。只有这样，孩子们才会抖擞起精神，快乐地生活下去。

诚然，有规律的生活，井然有序的日程安排对孩子来说是非常重要的，这可以给他们安定感。但同时，循环往复带来的是平淡和无聊，这也会诱发各种压力。

如果想在这种不断重复着的生活中让自己的身体以及精神保持全新的面貌，那么就有必要偶尔从既定的框架中摆脱出来，必须要寻找为生活添加氧气的方法。其实这并不困难，那就是让自己给生活创造一些惊喜。可以让人从枯燥、乏味中摆脱出来，经历一种全新旅程的惊喜就是你送给孩子们最好的礼物。

在众多蕴含着惊喜的礼物中，孩子们最喜欢的就是跟父母一起玩耍。当在孩子们眼中像巨人一样的大人们放下所有权威跟孩子们一起玩耍的时候，孩子们会感受到最大的解放感以及幸福感，压力就这样自然地化解了。

但是，有很多大人不喜欢与孩子们一起玩耍。不仅是嫌麻烦，而且觉得那样做看上去非常傻，他们担心孩子们会觉得自己非常可笑，也有可能变得不再尊重自己。

但是，这全都是误会！现在我常常与孩子们一起尽情地玩耍，连以前没能在一起的时间也全都补上。我们玩“石头剪刀布”，玩得不亦乐乎。孩子们并没有无视我，也丝毫没有看不起我的意思。

如果在内心准备好了，就赶快与孩子们一起尽情玩耍吧！找一找对孩子们来说称得上是“惊喜”的东西，然后再转化到行动中来就可以了。

下面向大家介绍一下我曾经尝试过的几种活动：

【和面粉】

和面的时候可以尽情地揉搓，一边做一边玩，而且掺入一些颜料制作出五彩缤纷的面团也是不错的。或者是用孩子做成的面团做成面片汤以及刀削面等等，也是很好的主意。

【制作沙包】

只要父母们仔细回想一下自己小时候，就会发现自己小时候玩过很多有趣的游戏。沙包就是其中之一。跟孩子一起把布剪成一片一片的，把它们缝到一起，然后放入豆子、大米或其他什么，再缝上口儿，一个沙包就做成了。家里一下子就充满了从前的气息。然后用做好的两个沙包玩抛沙包的游戏，一定要与孩子一起玩，如果被沙包打中就淘汰。家里太狭窄可以到外边玩，也可以在外边玩追逐的游戏。

【黄瓜吊桶】

把一根黄瓜截成两段，与孩子一人一半，在不损伤外表的情况下把黄瓜瓤挖出来。挖到比较深的时候，就分别在两边打洞，然后用线串起来——这就是黄瓜吊桶。这样做完之后，在铁桶中装上干净的水，运到客厅里。然后把黄瓜吊桶慢慢地放到铁桶中打水，这活灵活现地表现出了在乡村打水的场面。可以尝一尝用黄瓜吊桶打上来的水，水中蕴含了黄瓜清新的味道，我们还可以给它取一个名字，叫做“黄瓜水”。

【踢球】

我们小时候是玩着各种各样的球类游戏长大的。一边唱着小时候的歌一边教给孩子们玩，孩子们会对妈妈的球技赞不绝口。

【拳击与摔跤】

与孩子一起玩拳击或摔跤的游戏就像是在进行实战一样，孩子们会不断爆发出笑声，这样的游戏还可以起到锻炼身体的作用。做拳击运动的时候，相互之间“对打”也是一种全新的体验。

【草游戏以及三叶草项链】

下午的时候，在自己家周围可以悠闲地玩“草游戏”。找一找三叶草，用三叶草编织成三叶草戒指、项链、手链等送给孩子，并让孩子自己也学着做，感受其中的乐趣。

【用箱子载着孩子】

不管是“苹果箱子”还是“橘子箱子”，不要就那样丢掉，要充分地利用起来。把孩子放到箱子里拉着他们在客厅里来回穿梭。有时候会在拐弯处因为掌握不住重心而摔倒；或者是不能承受孩子的体重，使箱子撕裂。所有的这些都是游戏。孩子会说：“比去游乐场还要好玩！”

【阳台上玩水】

这是非常适合在夏天玩的游戏。可以用大的塑料桶装水，如果水龙头上连接着水管，也可以拿着水管尽情地玩耍。虽然开始的时候孩子们可能会觉得很害羞不好意思玩，但是很快孩子们就会尝到解放的滋味，感到非常幸福。

【在客厅里搭帐篷】

在客厅里搭帐篷的瞬间就可以感受到房间里充满了活力。如果夏天在客厅里搭建帐篷，就会变身为野营帐篷，如果是秋天搭建就可以感受到季节变换的乐趣。

除此之外，生活中可以给孩子们带来惊喜的活动数不胜数。在我们已经习以为常了的生活中，只要伸出一只脚就有可能会马上开始一次充满惊喜的活动。只要带着一种想法，那就是——仔细想一想今天应该用什么样的活动来给孩子一个惊喜呢？这会帮助我们改变对孩子的态度。发挥一下“服务精神”，温柔和蔼一点儿，这是为了加深对自己的终身顾客——孩子——的理解而努力。

如果想让孩子健康成长，就要让孩子多笑、多闹、尽情地玩耍、快乐地生活才行。这样做不仅对孩子的情绪非常好，而且还会成为孩子健康成长的原动力。开玩笑、大笑、吵闹的同时也是在做运动。认为庄重、老成才好——这样的想法是大人们的偏见。让孩子每天至少有一次从规则中摆脱出来，让他们感受到解放的快乐，这就是既可以让孩子幸福，又可以让父母回到自己的童年时期感受幸福的秘诀。

TIPS：

妈妈可以与孩子尽情玩耍的5种方法

1. 不要让孩子觉得自己很不容易相处，要温柔地对待孩子。

2. 脖子不要用力，让身体柔软和放松。

3. 要记得玩的时候自己越“狼狈”，孩子就会越高兴。

4. 要比孩子玩得更高兴。

5. 与孩子玩的时候要露出幸福的表情，或者直接告诉孩子真的很好玩——实际上真正玩起来，有很多时候妈妈要比孩子更感到幸福。

6. 炫富是很可笑的

在孩子的世界中，自信感是用钱买不到的。孩子的自信感是以健康的身体以及学校生活、交友关系为中心的。孩子们会对那些在生活中非常聪明的孩子给予认证。而且，自信感也是这样从别人那里得到真正认证的时候产生的。

有很多孩子非常喜欢钱，不管什么时候都炫耀自己有钱。

上小学三年级的石斌几乎每天都迟到，但并不是很晚，每次都会迟到10分钟左右，进到教室中以后，没有人问也会自己说：“司机叔叔送我走得晚。”

虽然只是三年级的小学生，但是也可以猜到他所说的话里的意图。反应比较快的孩子早已经把头扭向一边：“嘁，真讨厌，迟到了就是迟到了，为什么要说司机叔叔？”大家一点儿都不喜欢石斌的自我夸耀。

但是，可能石斌觉得有效果，第二天、第三天同样迟到，然后还说了同样的话，好像是为了说这样的话才迟到的。

有一天，终于有一个小姑娘听不下去了，跟他顶嘴了：“呀，只有你家里有车吗？现在谁家没有车啊，你为什么总说那样的话啊？”

听到她这样说之后，石斌好像早就想好答案等着了：“你们虽然有车，但是没有司机啊。由于我爸爸是社长所以有司机。”

小女孩也毫不示弱：“校长总是说，由于学校前边非常拥挤，所以不要坐私家车来，甚至还下发了好多次通知，让家长千万不要开自己家的车来。正是由于你这样的人才会一直拥挤的。”

“不要岔开话题。我爸爸是社长，所以我们家有司机。”

石斌没有想到自己在朋友们的眼里是一个时间管理不当总是迟到的孩子，也没有意识到老师的话：遵守规则的孩子才是被大家所认可的。

可能由于石斌这段时间的“努力”，孩子们大部分都认可了他是有钱人家的孩子：“他家是有钱人家。他不是说自己家还有司机吗？”孩子们经常会这样谈论，但是大家并不认为石斌是聪明的孩子。

上四年级的贤智非常注重穿着，即使别人不问，也总是不停地说“这是在哪里买的”、“多少钱买的”。小伙伴们聚集在一起的时候，她总是说一些让人们意想不到的话：

“我们家的房子是56坪的，你们家多大啊？”

“我们家是租的房子。”

“租房子住是不行的。为什么要租房子住呢？租房子住的话，房子的主人会为难你们的。”

贤智与朋友们一起说话的时候，如果自己的意见不被接受，或者是想要受到关注就会谈到钱：

“你们吃过法国料理 Daube-provencal（炖牛肘子肉料理，把肉与葡萄酒以及各种蔬菜一起烹调）吗？我们偶尔会去酒店吃法国料理，你们也去尝一尝。我们家也去过法国的。”

想要用钱来压制其他小朋友，在大家心目中将自己的威望树立起来。但是，其他的孩子也不可能就这样顺从地接受，反而会把她看作是令人讨厌的孩子或者是装作自己很厉害的孩子。就是由于这样的态度，让朋友之间的关系也变得不好，这是成为“被孤立的孩子”的原因之一。年龄越大越容易受到朋友们的反感，以后精神年龄也很有可能遭到怀疑，会被人看作是傻瓜。尽管如此，当事人自己并不觉察，还是一如既往地炫耀自己多么有钱。有时候这样的金钱意识会成为成长道路上的拦路石，让人停留在幼稚的阶段。

为了幸福，就必须要改变这种态度。虽然钱很重要，但是却不应该成为幼小心灵的中心。在人生当中，比钱更珍贵、更能让人们获得幸福的东西数不胜数，如果抱着金钱至上的态度，就很容易错过这些珍贵的东西，尤其是在年幼的时候。但是，仍然有很多孩子不能改正这一态度，直到高中，也还总是幼稚地炫耀自己有钱。

由于贤美的爸爸妈妈是医生，所以经济条件比较宽裕。可能就是因为这样，哪怕是买一件 T 恤衫，她也只买名牌产品。

贤美穿着名牌衣服向其他的孩子们炫耀：

“这件衣服特别便宜，只不过 35 万韩元，就跟垃圾差不多。”

她身边的小朋友流露出不一般的神情。有的小朋友不喜欢被蔑视的感觉，于是踢开凳子走了：

“我再也不想在这里待下去了。太让人讨厌了，待不下去了。”

即使这样，贤美也不知道自己已经陷入了困境中，还对那些费力忍着的朋友说：“真不知道我妈妈为什么总买这样的衣服给我，也不给我买一些稍微优雅一点儿的。”

这是一个成长的过程，随着不断地成长，“症状”会有所缓解，但是有时候情况并没有那么快好转，会比想象的时间还要久些。也有时候，即使长大成人，甚至是结婚生子之后也没有改正过来，也就是说有可能成为“顽疾”。在我们身边很容易看到类似于这样的非常滑稽的人，原因正在于此。

对于这一方面的问题，小时候父母起到的作用是非常重要的。虽然钱很重要，但是在孩子们幼小的心灵中，钱如果占据了全部，会让人感到非常的心痛。必须要用干净明朗的东西填充孩子们的内心，那是孩子们的权利。所以大人们必须要承担起这个责任，对孩子进行无微不至的照顾。

有一些父母为了让自己的孩子在朋友当中有自信，为了让自己的孩子占上风，就隐晦地向孩子强调金钱，让孩子自我炫耀。

但是在孩子的世界中，自信感是用钱买不到的。孩子的自信感是以健康的身体以及学校生活、交友关系为中心的。孩子们会对那些在生活中非常聪明的孩子给予认证。而且，自信感也是这样从别人那里得到真正认证的时候产生的。

此外，还有必须守护的品格。为了孩子的品格培养，也需要父母的照顾。一定不能让孩子丢失品格，要进行正确的引导。但是如果总是问朋友家的面积、不跟那些租房子住的朋友一起玩，在这样的家庭环境中是很难培养起孩子的品格来的。因为父母的品格与孩子的品格是相联系的。

7. 看电视的习惯也不是一概糟糕

如果好好利用电视，它就会变成“宝物箱子”，就会成为满是金子的田地。

在对“从父母那里听到最多的唠叨是什么”这一问题进行的调查中，结果显示，位于第一位的是“去学习”，第二位是“不要玩电脑游戏”，第三位就是“不要再看电视了”。通过这些就可以很明显地看出最近孩子们喜欢什么，正沉迷于什么当中。也能看出父母们的希望。

实际上，现在的孩子们的确会因为总看电视而导致没有时间写作业，错过去上辅导班的时间等等。由于晚上看电视到很晚，所以早晨很晚起床，即使睡醒了也仍然感到疲倦。

除此之外，电视还抢夺了家人之间对话的时间，产生了让孩子们沾染上世俗气息等多种多样的问题。

今年上四年级的智熙是演艺界的消息通，而且还是连续剧的解说人。只要一有时间她就坐在电视机前边，每天都看到很晚，所以没有她不知道的。哪一个演艺界的人做了什么样的整形手术，谁与有妇之夫搞外遇等这样的话不停地从年幼的孩子的嘴里出现。不仅对于电视连续剧的内容一清二楚，还会与其他人打赌推测以后情节会如何发展：

“由于结婚的陪嫁非常少，所以婆婆到现在仍然折磨自己的儿媳妇，于是儿媳妇离家出走，然后就遇到了以前的恋人。但是以前的爱人现在竟然是自己丈夫的姐姐的丈夫，但是自己丈夫的姐姐到现在还不知道……”

孩子的纯真的光芒已经消失得无影无踪了，大人们的世故已经在孩子们的心里根深蒂固。父母不让孩子们看电视也是不想让孩子受到这些世俗的感染。

可能正是这个原因，有很多人都非常排斥电视机。他们把电视机称为“傻瓜箱子”，不仅无视电视机，还非常积极地进行抵制电视的运动，创造出了“不看电视选择运动本部”、“不看电视市民聚会”等组织，提倡“不看电视”，而且还出版了很多煽动父母们积极抵制电视的书籍，说如果看电视的话，孩子就会变得很被动，不仅思考能力和专注力都会下降，而且左右脑的开发也会变得非常缓慢。

也经常可以看到一些类似于“从电视开始守卫自己的孩子”、“消除电视，打碎电视”等宣传语，几乎是与电视机展开了战争。

每当看到这些具有鼓动性的话语，就会让人思考“人们为什么要看电视”这样的问题，而每当这样的时候也会想起一个诗人曾经说过的话：

“在现在的时代，有什么东西可以提供电视机所能提供的安慰呢？只要按一下按钮，不管什么时候，电视都会高兴地欢迎你，为你而笑，跟你玩有趣的游戏。现代人看电视的时候可以得到全面的安慰。为了得到安慰才会打开电视。”

在我的身边有一个奶奶，虽然养育了六兄妹但是仍然一个人生活着。奶奶总是一个人在家，一是本来的性格就不属于外向的善于社交的性格，二是由于关节炎腿不好使，所以不怎么出门。即便如此，奶奶仍然生活得还可以。如果问她一个人怎么还能够生活得如此好呢，奶奶就会回答：

“不是有电视吗？虽然子女们既不打电话也不来看我，但是由于有电视所以可以生活下去。只要打开电视，既可以了解到很多人们生活中的平凡的故事，也可以知道非常多的有趣的故事。现在对我来说还有什么有趣的事情呢？但是看电视的时候还是会笑的。电视中出现的那些人们，他们说话说得是有多好，他们是多么有意思啊！在看电视的时候就会把子女们给我带来的伤心全部都忘记。所以我一整天都开着电视。”

可能正是因为如此，奶奶觉得没有电视机的人非常可怜：“以前的老人们没有电视，真不知道他们是怎么生活的。那该是多么的无聊啊。”

就像奶奶一样，我们通过电视获得了很多，也收到了很多的安慰。所以想一想这些，我觉得没有必要像是对待恐怖组织一样驱赶电视，也没有必要与电视进行战争。

实际上，电视中有很多让我们去依靠的东西，如果像对待敌人一样驱赶电视，在某种程度上就是一种背叛。而且，如果过分地关注它的副作用，就很有可能会错过它的优点，就有可能犯“因为害怕生蛆而不能做酱”的错误。

问题在于没有把握好“度”，在这个世界上，不管是多么优秀的东西，如果过度就不会那么好了。所以对于孩子们来说并不是不让他们看电视，而是需要对他们进行“视听指导”。

对电视进行教育化的利用会产生非常好的效果，电视中有教育节目，也有高考节目。在类似于纪录片的一般性的节目中，也可以获得在其他地方很难获得的优质信息。这么一来，还有必要在孩子与电视之间建立起厚厚的墙壁吗？与此相比，父母们必须要做的就是培养孩子选择好的电视节目的能力，以及可以好好与电视相处的方法。

对于生活在影像时代的孩子们来说，电视是必需的。通过电视可以让孩子获得各种好的想法，可以提高孩子的想象力。既可以了解到各种时事新闻，又可以通过纪录片来培养社会性的视角。尤其是对于学习外语来说，通过电视进行学习可以算是最佳选择了。

我就是通过电视来解决孩子们的英语学习问题的。即使不去留学不去海外进修，也可以自由自在地听说读写，这就是电视带来的好处。如果好好利用电视，它就会变成“宝物箱子”，就会成为满是金子的田地。可能正是因为看到这个，所以每当我听到“关掉电视机”这样的话就非常揪心：

“还想通过什么途径学好英语呢？也不能总是在辅导学校

里学习，用磁带录音机学习又觉得非常无聊，而且由于与影像相脱离，如果在实际情况中遇到就很难适应。有那么多的钱让孩子去早期留学或者是研修吗？即便有钱送孩子出去也不是很好的选择，早期留学实际上要比电视危险得多了，而且副作用也很大。”

我认为做妈妈的应该拿着电视节目预告表与孩子一起探讨看什么节目，而不是阻挡孩子视听。在这个世界上，比电视更有害的东西有很多，这需要我们有只要按一下按钮就可以在无数节目中挑选出优质节目的眼力，需要引导孩子具备不看低劣节目的自制力。

最终是一个选择的问题。电视机是成为宝物箱子呢，还是会成为必须要驱逐的敌人呢？好像最终取决于我们这些大人们的决定与努力。

8. 爱上读书，是养成了最好的习惯

就像妈妈为孩子们精心准备饭菜，帮助孩子们养成刷牙的习惯那样，妈妈也要帮助他们养成读书的习惯。要引导他们感受书的香气，让他们与书交朋友。

“这个世界上为什么要有书呢？真不知道为什么必须要读书。为什么必须要读书呢？”

孩子们有时候会出人意料地提出这样的问题，听到这样的问题，我们一瞬间会变得很慌张：“人们要是没有书怎么生活？如果没有书，那情形就是不能想象的。”马上就想说这样

的话。但是还是镇定一下着急的内心，先仔细寻找一下书籍的好处——

书是我们最坚实、最长久的朋友。书不懂得误会，不会变心，不会背叛你。如果你疏忽了、忘记了它，等你记起来再去寻找它的时候，不管是什么时候，它都会用一成不变的模样迎接你。它会让你疲倦的身体得到放松，会劝慰你疲惫的灵魂。每当孤单或者是不舒服的时候，它会在你的身边陪伴着你、守护着你，一直到你离开这个世界为止。书就是这样的一位朋友。

书是一位非常安静、非常沉着的朋友，所以当你与书成为朋友之后，你就会变得安静，变得沉着。现在，不在教室里安静坐着而是到处游荡的孩子越来越多，这可能是由于他们是在漫画以及电脑游戏等喧闹的媒介中长大的。我认为书籍能够对这些问题进行预防和治疗。

不管是大人还是孩子，都需要有自己一个人待着的时间。一个人思考、一个人反省、一个人制订计划、一个人陷入或深或浅的想象中——从而渐渐成熟起来。

创意力也是通过一个人待着的时间来提高的。一个人安静地待着的时候，仔细想一想就会发现有一部分思想被困在了网中，其实它们中间有很多可以成为创意力的头绪。如果读书就会学到一个人待着的方法，因为读书是非常个人化的行为，在读书的同时也会享受一个人度过的时间。

喜欢书的孩子也喜欢学校，会享受人生。学校里有各种各样的孩子——懒惰的孩子、说谎的孩子、摆架子的孩子、暴力的孩子等等，他们总是惹出一些事情来。学校就是人类社会的一个小小的实验室，孩子们发现了自己曾经在书中看到过的人物，于是可能会推测说："这样的孩子下一步将会像书里说的那样做出类似的行动。"他们这样的预想不管是正确的还是错误的，反正都是非常有趣的。具有读书习惯的孩子会非常感兴趣地悠闲地读下去，如果与预想相符合当然会很高兴，如果与自己的预想不符则会发现全新的类型，这也是很高兴的，因为感受到全新的乐趣。

读书的同时说话习惯也会变好，自我表达能力会提高。读书并不只是简单地阅读，而是与书中出现的人物进行讨论的过程。这样一来就会树立起自己的理论，从而使自己的表达能力也有所进步。而且喜欢读书的孩子知道的东西也多，书籍是信息的仓库。由于了解到了非常多的信息，所以进行表达的时候就会有更多的内容。

再者，说话说得好的孩子写文章也很好。因为话语是把思想用嘴表达出来的一个工具，文章则是把思想用文字表达出来的工具。思想的差异决定文章的质量，而思想的差异在读书的过程中就可以培养出来。所以我认为读书多的人正是由于有了思想的宽度以及深度，所以写出锦绣文章是必然的。

读书的同时也会让自己的感情变得丰富起来，会让自己的心田变得肥沃。因为在读书的同时经历了多种多样的历程，从而不断开垦自己的心田，使其日益丰盈。曾经没有的感性也像是田地里的植物一样发出嫩芽，一边吸收书籍提供的养分一边旺盛地成长。

一天天坚持下去，就会发现自己的生活变得越来越勤勉、越来越诚实，而且节约也就成了一种习惯，因为总是在读书，省去了消费的时间，就会发现读书比购物更有意义。即使并不信奉什么特别的宗教也会变得虔诚起来。读书让生活中不断反复着勤勉、诚实以及虔诚，为生活增添了宗教性的神圣。

最近，有很多的孩子沉迷于漫画、电视、电脑中，或者是正处于沉迷进去的危险边缘。妈妈们因为这个问题也有很多的担心以及苦恼，但是书籍可以简单地解决这一个问题。喜欢读书的孩子并不怎么喜欢漫画，因为他们觉得漫画中出现的句子非常粗浅，所以他们对此不满；也不会沉迷于演艺界人士经常出现的电视节目或者是电脑游戏，因为那些不仅没有从书籍中感受到的深度，而且非常嘈杂。喜欢读书的孩子不明白，为什么要一边敲打电脑键盘一边“打架”，为什么要浪费宝贵的时间。所以即使他们也玩电脑游戏，却不会陷得很深，因为他们知道在自己的身边，不管什么时候都有一位非常安静、坚定，既亲切又聪明，甚至非常贤德，总是毫不吝啬地给自己提建议的帅气的图书朋友。

但是，虽然图书有这样多的优点，仍然有很多孩子不愿意读书。他们不喜欢书，喜欢的仅仅是漫画、电视以及电脑，他们没有养成读书的习惯，没有感受到读书的乐趣。不管是多么好的东西，孩子们可能根本就不知道它的好处，这个世界上的所有的东西只有学习过之后才能很好地了解，必须要熟悉要去领悟。他们来到这个世界上还没有多长时间，由于所有的东西对他们来说都是全新的，所以必须有人去教给他们，去引导他们。

就像为孩子们精心准备饭菜，帮助孩子们养成刷牙的习惯那样，妈妈也要帮助他们养成读书的习惯。要引导他们感受书的香气，让他们与书交朋友。这是让孩子获得最坚实的朋友的一条道路，也是让他们享受今后的幸福人生的一条道路。把它看作是最确定的投资，把它看作是最重要的可以遗留下去的财产，必须要带着这样的思想培养孩子读书的习惯。

TIPS：

为了培养孩子的读书习惯，妈妈们需要做的事情

1. 妈妈要经常读书。

2. 从小就要给孩子读书听。

3. 孩子读的书妈妈也要读。只有这样妈妈才会与孩子进行自然而然的对话，孩子也会更加真挚地读书。

4. 不要总是让孩子置身于新型玩具、游乐器械、数码产品之中。

5. 经常带孩子去图书馆以及书店。

9. 经常让孩子说话

从餐厅阿姨那里得到筷子的孩子就会觉得：“啊，原来我的话还是管用的”，从而获得珍贵的经验，也会通过这一过程获得与人沟通的自信。

去学校给我家的老二送饭的时候，听到了老师发牢骚的话：

“由于xx，我们班受到了很多阻碍。xx并没有其他的缺点，就是特别慢。手工制作很慢，画画也很慢，从来就没有按时完成过。吃饭也是，因为他我们班每天都是最后一名。吃午饭的时候，即使早就已经拿到了餐盘也不能全部吃完，经常得延迟到要上第五节课的时候，所以整个班级的气氛一团糟。所以我跟 xx 说了，让他把妈妈叫来。我作为从事了 30 年小学教师工作的人，斗胆给他的妈妈提了建议，不要总是过分溺爱孩子，在家的时候要经常支使孩子干一些活，这样就能够培养起孩子处理事情的能力，也可以让孩子的行动变得快速起来。但是，不知道是不是最近又不管了，孩子又变成了原来的样子。今天也是，本来是第二课时要做手工的，他一直做到第三课时。因为这一个孩子其他的孩子都受到了影响，但是他的妈妈可能完全不知道。”

对孩子来说，家庭就是他们养成处世能力的练习场。越是疼爱孩子就越要支使孩子干一些跑腿儿的活，从而培养他的办事能力。从本质上来看，可以把这一过程看作是孩子走向世界之前所拿到的练习纸，要给孩子充分的锻炼机会。

不仅要支使孩子做一些这样跑腿儿的活，还要经常支使孩子多说话。我从我的孩子刚学会说话的时候开始就总是让她们说话，我觉得这样做很好。

支使孩子说话？难道是类似于当夫妻吵架的时候让孩子转达“去叫你爸爸吃饭”，或者是“说我不吃”这样的话吗？当然不是。说的是在家外边的时候尽量给孩子创造说话的机会——不管是在超市、餐厅、公共汽车、百货商店，只要有机会就让孩子说话。

“宝贝呀，去问问叔叔这个冰激凌卖多少钱。”

刚开始的时候，孩子可能不愿意说，可能会畏畏缩缩地往后退。这样的时候就要给孩子添加自信，有必要进行一下鼓动：

“我们家的宝贝不是很会说话吗？去问一问，叔叔会很惊讶的。”

这样，孩子可能就会开始忸忸怩怩地迈开脚步，一边走向叔叔那边，一边不时地回头看妈妈。如果那样就鼓励他快点去，同时不断地点头告诉他现在做得很好。

“叔……叔叔，这个冰……冰激凌多少钱啊？”

“700 韩元。哎呀，你可真聪明。”

超市的叔叔也会适时对孩子进行夸奖。

在餐厅吃饭的时候，如果孩子的筷子掉到了地上，不要先想着训斥孩子，要把这也当做是可以让孩子说话的机会：

“去跟阿姨说你的筷子掉到了地上，然后重新要一双新的过来。”

当孩子在百货商店里想要上洗手间的时候，不要嫌他麻烦，也可以把这当做是让孩子说话的机会：

“去问一问那边站着的职员叔叔洗手间在哪里。”

不断反复做这样的事情，孩子就不会害怕向别人搭话或跟长辈说话了。从餐厅阿姨那里得到筷子的孩子就会觉得：“啊，原来我的话还是管用的”，从而获得珍贵的经验，也会通过这一过程获得与人沟通的自信。所以不管什么时候，不管在什么地方，都要寻找机会支使孩子说话，如果有什么事情需要孩子去说话，就赶快去告诉孩子，他会很高兴去做的。

带着这样的想法，当别人家的孩子过来搭话的时候一定要亲切地对待。不是有句话说：想要培养好一个孩子，需要整个小区来努力。我甚至认为不是需要“整个小区来努力”，而是需要“整个世界来努力”，让世界变为成长着的孩子们的练习场。当然，我们大人要在他们还是小孩子的时候帮助他们进行充分的练习，做他们的同伴。

几年前，曾经招待过从地方到首尔来上学的亲戚家的孩子。为了祝贺他考入首尔大学准备好了饭菜等待着，但是约定的时间都过了两个小时了，也没有任何消息（当时并不是所有的人都有手机），只能把排骨重新热一热，把蔬菜重新炒一炒继续等着。过了 3 个小时之后，孩子才不好意思地笑着来了。

“怎么会这么晚呢？以前不是来过一次了吗？”

“我坐错车了，一直坐到了终点然后又重新坐了回来。”

“即使是到了终点又回来也不应该这么晚啊，花了太多时间了，是不是？”

“实际上，我是从终点到了我家，然后又重新从我家出发的。好像只有这样做才能找到正确的方向。”

虽然怕孩子不好意思我一直忍着我的惊讶，但是我确实是非常的惊讶。

如果坐错了车就赶紧问一问司机叔叔，然后想一想办法，根本就没有必要一直坐到终点的。就算是到了终点，在回来的路上问一问司机叔叔最近的车站，然后在那里下来就可以了，怎么会想到又重新回到家然后再回来呢！

真是让人不禁发出叹息声。如果从小就让他多说话，应该就不会发生这样的事情了吧？由于从孩子小时我就让她们多说话，所以现在到了餐厅里我只要安静地坐着享受美食就可以了，因为传达“这边水没有了”、“请再多给一点儿辣白菜吧”等等这样的话已经是孩子们的事情了。

10. 只会说脏话的孩子怎么办

在孩子们说脏话的同时，有很多幸福就会离他们而去——我们做父母的明白这一点之后应该尽快站出来。

不管是什么样的时代都充斥着各种脏话，不管是什么样的语言都有脏话。其实，想在孩子们面前树立权威，装出很优雅的样子的大人们，也曾经有过说脏话的少年时期。所以听到孩子说脏话的时候应该想着把它看作是“成长的过程”，要想着去理解他们。

但是，现在的孩子们的确好像有些离谱，感觉他们从小学高年级开始就已经陷入了脏话的世界里。不知道是为了说脏话而说话，还是为了说话而不断冒出脏话，已经达到了让人无法进行区分的境地，脏话满天飞。而且，有的孩子在说脏话的时候好像非常喜欢的样子。暴力电影的流行，网络语言被污染，这都促使孩子说脏话的现象越来越严重，再加上时下只知驱赶着孩子学习的社会风气和热衷于此的家长，这种情况愈演愈烈。

“那小子长得真好看。是不是？”

“那小子”与“真好看”怎么能出现在同一句话里呢？这样的组合真是让人惊讶。

孩子们有时候甚至会说出一些变态的话，不用说是中学的女生，甚至是大学女生也是如此。有一些孩子其实根本就不知道那是脏话就随便乱说，如果告诉他那是脏话，他就会非常惊讶地问：

“那是脏话？不是‘非常、很多、特别、尤其’这样的意思吗？”

有的父母可能会因为现在孩子们学习的压力特别大，所以就对孩子说脏话这件事睁一只眼闭一只眼，就那么马马虎虎地过去了。但是如此一来脏话就会产生更大的弊端。

不管是说脏话的人，还是听到脏话的人都不会感到舒心，说脏话的人不可能愉快，听脏话的人心情也不可能好，还会伤了彼此的感情，感情枯竭，人会变得粗鲁。

说脏话就像吃饭一样习以为常的孩子，可能很难感知到多情的诗中所蕴含的微小的警醒意义。可能有的孩子还会说这样的话：“哎呀，这诗真是没有意思。”

幼小的心灵被这样污染真是一个非常大的损害，在孩子们说脏话的同时，有很多幸福就会离他们而去——我们做父母的明白这一点之后应该尽快站出来，尤其是妈妈。因为妈妈是守护孩子幸福的人。

那么应该怎样去做呢？让孩子尽量不说脏话的方法是什么呢？

对于低年级的孩子们只要诱发出他们的道德心就可以了。告诉他，如果你说脏话骂人，会给对方造成心灵的创伤。而且要告诉他，如果说脏话骂人，会让自己的嘴变脏——这是很有效的，因为他们还处于非常纯真的状态中，所以会眨着眼睛点头的。

如果高年级的孩子并不知道自己所说的脏话的意思而只是习惯性地说脏话，把脏话的意思告诉他也是一个很好的办法。但是如果是非常变态的话，最好要注意不要说得赤裸裸的，注意用词。

即使只是简单地把意思跟孩子说一说，孩子也会大吃一惊，说："我说了那样的话啊，原来是变态的话啊!"会非常地后悔。

对于那些即使知道了脏话的意思，也仍然不予理会，继续说脏话的孩子，就要给予惩罚了。现在我们家老二的班主任就正在跟脏话做斗争呢，如果班里谁说了脏话，就要把脏话在笔记本上写100遍，用这样的方式作为对说脏话的惩罚，也能看到效果。孩子并不想写，所以就会对说脏话变得很小心。因为如果说三四遍就必须要写上三四百遍，所以对孩子们来说是非常严重的惩罚了。

因为孩子说脏话而责备或者惩罚都没关系，但是绝对要对孩子保持一颗温暖的心。最好是避免说一些涉及到道德问题的话语。

上中学一年级的志远这样说："很奇怪的是，到了家里就说不出脏话来。但是在学校里与其他的孩子们在一起的时候就总是说脏话。而且，只有说脏话才能跟其他孩子好好相处。如果不说脏话就会被他们看作是模范生，就会被他们孤立。”

的确有一些类似于这样的让孩子说脏话的社会因素。为了熟悉并适应那非常复杂的环境，我们的孩子们不断努力着，为此费尽了心机，想到这一点就觉得非常痛心，觉得孩子也是在努力地生活着。

11. 培养孩子的经济头脑

在可能的范围之内孩子们想要自己当家，过自己想要的生活，希望可以按照自己的意愿过日子。我们大人有必要学会帮助孩子享受这个过程，引导他们发展自己的能力。

朴奶奶已经75岁了，自己一个人过日子。当奶奶刚说想要自己一个人过日子的时候全家上下全都是反对的声音：

“妈妈，您今年多大了呀？现在应该是与子女一起生活的年纪了，怎么要一个人生活呢？而且，如果妈妈要出去住的话其他的人会怎么看待呢？‘子女和媳妇到底做了什么，竟然让老人家那么大年纪了一个人在外边生活！’肯定有人会这样嘀嘀咕咕的，不是吗？”孝顺的子女们对妈妈极力劝阻。

“我还能活多少年啊？我想在剩下的时间里一个人生活。现在我身体也很好还可以动弹，所以希望能自己做饭给自己吃，我的生活我自己负责。并不是你们做得不好我才要从家里出去住的，只不过是想在最后的日子里自己生活。这是我的愿望，所以不要再多说了。”

朴奶奶宣言要独立之后，真的自己一个人搬出去住了。

我曾经在市场的胡同里见到了朴奶奶，她像是捞到了什么好处一样，用镶了假牙的嘴跟我说话：

“啊，别的地方卖 1500 韩元的大葱，在这里只卖 500 韩元，500 韩元啊！”

陷入过日子的乐趣当中的朴奶奶，满脸都洋溢着幸福的笑容。

虽然老人们自己住有很多原因，但是其中一个原因就是希望在离开这个世界之前能够自己过自己的生活。人既是社会性的动物，同时又是经济性的动物，每当做一些经济活动的时候就充满力量，每当作为一个独立的经济个体生活的时候就会感到非常幸福。

孩子们好像也是如此。虽然在父母的庇护下生活非常安定，但是哪怕是一点点的经济活动也会让他们感到幸福，因为作为经济个体与生俱来的本能在 DNA 的丛林深处占据着一定的位置。在可能的范围之内孩子们想要自己当家，过自己想要的生活，希望可以按照自己的意愿过日子。我们大人们有必要学会帮助孩子享受这个过程，引导他们发展自己的能力。

我从孩子上小学一二年级的时候开始，以周为单位给她们零用钱，并让她们将开销记录在零用钱账本上。

“写所谓的零用钱账本有什么用呢？该花的全都花掉了，还是每天都说零用钱不够总是伸手要钱。所以，每次跟我要钱的时候就那么给他了，那样还比较舒服些。”有的妈妈这样说。

但是遇到需要的时候要钱花，与拿到一定量的零用钱有计划地花是有很大差别的。拿到一定数额的零用钱，孩子的脑海中会产生一些想法，会思考该怎样用它们，怎样储蓄，在什么样的地方花多少钱。这就会使他们的经济活动变得非常主动，生活中也会充满活力。如果零用钱不好好规划着花，还没到一周钱就会用光的。

没有经济权利，或者是经济权利被剥夺，每当需要钱的时候就要钱花的丈夫或者是妻子，他们都心有不平，这与贫富是没有关系的。为什么会这样呢？因为本来是自己可以主管的领域，或者可以说是生活的乐趣，被抢走了。虽然可能会稍微有些不足，但是自己挣钱自己花的时候是幸福的，人类的血液中有希望可以作为独立的经济个体生活的固执要求。

当孩子到了小学三四年级的时候，就应该开始对孩子进行关于明智消费和储蓄的教育了，让孩子自己办一个存折，然后往里边存钱是更好的做法。孩子们看着自己存折里的钱数增加，会陷入类似于养宠物一样的乐趣中。

但是，不能用储蓄束缚住孩子的手脚。必须要扩大孩子们的视野，让他们了解一下股票以及基金等投资手段。告诉他们虽然这些都可以比存款赚得更多，但是有可能连本金也丢掉，这时候大部分的孩子可能就会变得不安。因为来到这个世界上还没有多久的孩子们，虽然也做过一些盲目的冒险，但是那些大部分都是很安全的。

考虑到孩子们的情绪，最好是为孩子们选择一些比较安全的投资方法，对于股票以及基金等投资风险比较大的金融手段要慎重选择。因为没有必要让还处于儿童期的孩子们因为钱而饱受折磨。我们的目标仅仅是希望带着独立的经济个体的基因出生的孩子，能够一边品尝着经济的味道一边幸福地生活而已。

有一些孩子对于经济行为没有任何兴趣。对于这样的孩子应该为他们读一些类似于《12 岁的富翁》、《菲利克斯喜欢钱》以及《10 元钱学到的经济故事》等这样的图书，唤醒在他们血液中沉睡的经济基因。因为我们人类直到离开这个世界为止，都要作为经济个体而生活。

12. 必须去除孩子内心的疙瘩

即使由于某一个瞬间没能克制住自己，给孩子的内心带来了伤害，也不要让那些伤害变成心底的疙瘩，要一直不停地努力解决伤害，要在结成疙瘩之前寻求相互之间的理解和原谅。

在漫漫的人生中，不管是谁都可能会烦躁、发火。在用爱组成的家庭中也是如此。虽然孩子是含在嘴里怕化了的宝贝，但我们偶尔也会说一些类似于“你为什么一直都是这个样子”、“为什么就只能做成这样”的话，对孩子抱怨，恼怒。同样，孩子们也会如此，也会烦躁，也会发火：

“爸爸妈妈为什么每天就知道命令我？为什么只有爸爸妈妈的想法才是正确的呢？我也有自己的想法。为什么爸爸妈妈只喜欢让我学习呢，如果我说想干什么其他的，他们肯定又会对我说些什么，一定会阻挡着不会让我去做的。”

孩子们的不满也会直接表达出来，一般的情况就是，父母会觉得：孩子怎么敢对父母瞪眼发火呢？所以父母就很愤怒。看到他们体内萌发出的坏苗头，就想在初期解决掉，所以总是对孩子进行严厉的斥责，有时候甚至会动手打孩子，把孩子的行动理解为“反抗”，所以就会有过度的反应。

但是，孩子开始表达出自己的想法，正是他们成长的标志！所以不要为此心情不好，应该带着“这小子竟然已经有这样的想法了，不错啊”这样的念头给予欢迎。

当然，孩子们有时候的确会做一些错事。对他们犯的错误进行及时纠正是作为父母应该履行的义务，是父母的责任。但是，问题是大人们偶尔会忘记孩子们也可以有自己的想法，也是可以表达自己的意见的存在体。对去上学的孩子，家长们会嘱咐说：“一定要明确地表明自己的意见和想法啊。”但是在家里的时候却动不动就说：“怎么会有这样的想法呢？”于是打断孩子的话，也打碎他们的希望。这是不认可孩子可以有自己的想法的表现，长此以往，孩子的内心里就会出现沟壑，寄存一些渣滓。

不管在什么样的关系中，人们都应该学会听取双方的意见。而且，孩子并不是教训、殴打、抓住各式各样的瑕疵进行批评、驱赶的对象。对孩子来说他们需要有自由的领土。为了避免被父母批评，孩子们就很容易着急慌张，学会看眼色，甚至失去自由，他们就会变得不安，就会感到压抑，就会不断地积累愤怒。如果只是单方面地承受这些，孩子是不会说自己想说的话的，就会按照父母的愿望成为“善良的孩子”。虽然父母对于“善良的孩子”非常满意，但是孩子的内心可能会受伤，甚至很有可能对父母产生敌意。到了青春期的时候，就很有可能会把过去隐忍着的情感全部爆发出来。相反，有一些孩子则会患上“忍受病”，有气无力，对一切都不关心，也很有可能会不知道感动，失去了对世事的了解欲，没有想说的话。

今年上小学六年级的兰松到现在仍然是按照妈妈的要求学习，按照妈妈的要求去各种辅导学校上课。由于妈妈与爸爸的关系不好，所以从上幼儿园开始，她就成了妈妈的撒气桶，但是她一直默默地忍受了下来。然而从来都不会让人操心，也从来没有顶过嘴的她，突然有一天离家出走了。直到这时，她的妈妈才开始领悟。回想前一段时间自己的过分行为，妈妈进行了深切的反省。但是，兰松虽然重新回到了家里，却并没有敞开心扉。即使妈妈说以后肯定改正自己，请求她开口说话，她仍然什么话都不说。看来想要解开她心底的结，还需要不断努力。

做父母的仍然还是比较喜欢“善良的孩子”。虽然，把孩子培养成一个优秀的模范生是父母的希望，但是更多的，是他们希望自己在家庭中也是可以让孩子听话的权威。越是以自我为中心的严格的父母就越会成为可怕的父母，希望培养出“善良的孩子”的要求也就越强烈。任何人都有可能成为这样的以自我为中心的严厉的父母。

每个人都有不成熟的一面，都有很多缺点，有的时候即使努力了也不行，每一个瞬间感情都在发生变化。有时候难免会做出错误的选择，而等事情过后就会后悔，想到其实没有必要对孩子如此。类似于这样的迟来的后悔以及自责大概每个母亲都经历过。

但是，我并不认为这完全是不好的。让孩子们看到这样的情感的流露之后，孩子就会觉得，原来爸爸妈妈也同样是有感情的人，也会明白不能再做出某种不当的行动，于是把自己的错误加以改正。

问题不在于感情流露本身，而是在于是否阻挡了孩子的想法，不让孩子说话，进行威胁恐吓。指责孩子的错误的时候，应该只是指出错误本身，而不是在孩子的内心留下创伤，成为孩子内心的“疙瘩”。即使由于某一个瞬间没能克制住自己，给孩子的内心带来了伤害，也不要让那些伤害变成他们心底的疙瘩，要一直不停地努力解决伤害，要在结成疙瘩之前寻求相互之间的理解和原谅。不要让一天就那样白白浪费掉。

可以利用睡觉之前在床上滚来滚去玩耍的时间来解决这个问题。关掉灯集中精神之后解决这样的问题更好：

“刚才是妈妈太激动了，对不起。本来不应该这样的……”

首先自己先解除武装试一试。孩子会仰着天使般的脸庞一点一点地把你说的话放到心里，把自己内心的结打开。

只有内心没有了疙瘩和渣滓，孩子们才会带着被爱的感觉幸福入睡，才不会做一些混乱的梦。只有舒舒服服地入睡，睡眠才会变成一种休息，孩子才会不断地好好地成长。

只有清理掉这些渣滓，才会迎来全新的明天。总是要学习新事物的孩子们的内心必须要干净，只有这样才不会受到妨碍，才能更好地接受新事物。我们做父母的最关注的学习也自然就会有好的状态。

所以，我压制住自己的脾气，每次发生矛盾总是会率先做出和解的姿态。因为我不希望孩子的内心有疙瘩和伤害。

13. 枕着故事入睡的孩子

如果在孩子睡觉之前给他讲故事，孩子的梦乡就会变得丰富多彩，睡觉之前听的故事会展开想象的翅膀在梦乡里不停地飞来飞去。在培养“可以做梦的孩子”方面，没有比讲故事更好的方法了。

我小的时候，在我家乡的小村庄里有一位喜欢给孩子们讲故事的大妈。不管是缝补破了的袜子的时候，还是蹲在厨房里收拾蔬菜的时候，她都一直在讲故事。她的5个孩子总是围在妈妈身边听妈妈讲故事，有时候我也会悄悄地插进去听大妈讲故事。那些孩子虽然很贫穷，但是看上去非常幸福，就像是在梦想着什么一样，眼神是明亮深邃的。对待我们这些朋友也非常的友好从容，很有品格。所以我总是很羡慕他们。

后来我自己成为孩子的妈妈之后，虽然失去了一些东西，但是由于终于可以做小时候令自己羡慕的事情了，所以也感觉到了幸福。总是想起那个妈妈以及围坐在她身边的孩子们的样子，所以总是随时随地给自己的孩子讲故事。

虽然在白天讲故事也不错，但是在睡觉之前，与孩子并排躺在床上给他们讲故事对孩子们来说却更好。因为孩子们可以带着被爱的感觉幸福地入睡。

我们家老大直到上小学六年级时偶尔还会撒娇：

“妈妈，再给我讲一个故事。我最喜欢的就是在睡觉前听妈妈给我讲故事。”

“这么喜欢听故事吗？”

“故事很有趣，如果妈妈在我睡觉之前给我讲故事的话，我就会感觉妈妈非常爱我，所以就会放心地睡觉。”

“那么，妈妈不给你讲故事的时候就不爱你了吗？”

“当然不是了。不管怎么说，当妈妈给我讲故事的时候一下子就能感觉到妈妈对我的爱。”

看来，孩子们就是通过父母给自己讲故事来感受父母对自己的爱的。比故事的内容更重要的，是“讲故事”本身带有重要的意义。

如果在孩子睡觉之前给他讲故事，孩子的梦乡就会变得丰富多彩，睡觉之前听的故事会展开想象的翅膀在梦乡里不停地飞来飞去。在培养“可以做梦的孩子”方面，没有比讲故事更好的方法了。

爸爸给孩子讲故事也很好，妈妈给孩子讲故事也不错，那么如果轮流着给孩子讲故事就更好了。也可以做讲故事接力游戏，诱导孩子自己编故事，在大人讲故事之前先让孩子讲。

孩子听故事的同时，在自己的脑海中又会构思出其他的故事，就会想把自己想出的故事讲给别人听。不管怎么说，给孩子制造创作故事的机会是非常有必要的。父母说出故事的开始，让孩子来为故事加上结尾也是很不错的。同样，也可以让孩子来为一个故事开头，然后父母来为故事书写结尾。不论是哪一种情况对孩子来说都是有帮助的。

孩子在讲故事的时候，很有可能会偏离主干，不知不觉来到了一个全新的故事中。虽然在说着，但是根本就不知道他在说什么，有很多时候还会讲一些完全莫名其妙的故事。即使如此也没关系，就当那样的时候是“可以笑的机会”吧。那样有趣的经历，也会让孩子明白，在讲故事的时候必须要有主要的脉络才行。所以，下一次就会在脑海中构想这样那样的故事。

有一些孩子喜欢听故事，但是并不喜欢自己讲故事。这样的时候没有必要非得要求孩子讲。因为在睡觉之前为孩子讲故事的首要目标就是让孩子可以幸福地入睡。

如果劝妈妈们在孩子睡觉之前为他们讲故事，有的妈妈可能会这样说：

“现在都已经长大了，已经是小学生了，就那么睡就可以了，不用非得听故事再睡。讲故事不是很烦吗？坦率地说，在孩子小的时候为孩子读书就已经很累了，现在不用为他们读书了，终于开始变得轻松起来了。自己睡不就可以了吗？都已经长大了的孩子为什么还要哄他入睡呢？”

有很多人都觉得很麻烦。但是如果对比一下孩子还是婴儿的时候那些繁琐的事，就会觉得这其实也没什么大不了。就像俗话说的那样——躺着吃打糕，完全是一件轻而易举的事情。长大了的孩子们现在已经不再哭闹，不会让父母不能睡觉了，如果给孩子讲故事，他们就会安静地听着，乘坐着故事的魔毯在想象的王国里幸福飞翔。所以，从现在开始，在孩子睡觉之前为孩子讲一讲故事怎么样呢？

但是有的父母就有话要说了：

“那也要有故事材料才能讲故事啊。即使是想给他们讲也没有什么可讲的，因为我本来就不擅长这个。”

没有必要一定讲什么伟大的故事，也没有必要成为什么讲故事的高手，当然也不是很容易就可以成为善于讲故事的人。其实只要把生活中的故事原封不动地讲给孩子听就足够了。任何家庭中都有把所有的家人联系到一起的故事，因为大家在一起生活的过程中，每一个瞬间都在制造故事。

有时候，可以把时光的胶片往回倒一倒，翻找一下过去发生的故事。可能在当时是非常严重的事情，但是，随着时间的流逝，后来就会成为非常有趣的往事。即使对其他的人来说没有任何意义，但是对自己的家人来说却是隐藏着的宝物。

而且，父母们年轻时候的回忆也可以成为讲故事的材料。孩子们一边听着自己爸爸妈妈的故事，一边飞回到三四十年前进行时间旅行，一边把年轻时候爸爸妈妈的模样与现在做比较，一边听得津津有味。这有可能会成为孩子们觉得最有意思的故事。

爸爸妈妈们把自己曾经做过的糗事讲给孩子听也是很好的。通过这样的故事孩子就会明白：啊，原来爸爸妈妈也是普通人啊。这样孩子们就会减轻一些自己加给自己的负担，也就不用总是很紧张地想着要像大人一样什么事都得做好，孩子们就可以轻松地生活下去。

很有必要的是，应该根据每天发生的事情的不同，对故事进行选择。比如，倘若白天跟孩子发生过不愉快，晚上就讲一些既有趣又幽默的故事比较好。搞笑的故事可以化解孩子的愤怒，让孩子安心地入睡。

如果不管怎么想都想不出什么故事，可以读书给孩子听。虽然没有爸爸妈妈直接给孩子讲故事来得生动，但是书中的故事里也藏有宝物。

不管怎么说，都不要让孩子在学习累了或者写完作业之后，直接带着疲倦入睡，也不要让孩子看电视看着看着就睡着了。把一天中最安静、最温馨、最幸福的时光就这样度过实在是一件很冤枉的事情，也是一种浪费。对孩子来说，睡觉之前的时间是如此的重要，因此，怎样让孩子入睡是一个非常值得重视的问题。

Ⅳ

嘘！优等生的秘诀

虽然学习是孩子自己的事，

但当他们还是小学生的时候，

妈妈的智慧很重要。

想让孩子成为优等生，

妈妈需要知道的有很多……

1. 读书，还是读书

会读书的孩子不管教育政策如何变化，都不会发生动摇。不管教育政策是把重心转移到人性教育上来，还是转移到创意力教育上来，又或者是转移到重视学习能力上来，这样的孩子都会充满竞争力，都会很幸福。

2003年，经济合作与开发组织（OECD）发布了“国际学生评估项目（PISA）”的结果之后，各国对于“学习能力”这个词都很敏感。

排名比较靠后的德国看到韩国孩子们的“数学第二名，科学第三名”这样的评价结果之后，就说我们是“用辅导学校以及课外辅导班来虐待孩子”。他们国家自己的新闻报道则说：从几个月前开始就让孩子做一些预测题目进行对比，但是成绩仍然没有提高。

日本也受到学习能力低下的冲击，结果是不仅把从1977

年以来持续缩减的上课时间首度延长，还把方向转到对学习能力的重视和培养上来。曾经为了培养孩子的创意力以及个性而引入的“自由教育”被认为是疏忽了最基本的教学内容，所以被追究为日本学生学习能力低下的罪魁。为此他们特别增加了语文、英语、数学的上课时间，并且用“全国学习能力竞赛”来诱导各个学校之间进行竞争。

但是，这不仅仅是其他国家的故事。首尔市教育厅重新启动了在过去的8年间曾经被禁止的“小学生学习能力评价”（又叫作“共同考察”）。看来为了提高国际竞争力，并且为了国家的未来，仅仅依靠人文教育是不行的，还必须要重视孩子们的学习能力。

看到这些之后就会觉得，原来国家到了着急的时候也是无可奈何啊，与那些纠缠在学习上的“学习妈妈”、“学习爸爸”也没有什么区别啊，这样想着不自觉地就笑了起来。

但是，再过几年之后很有可能又会对“重视学习能力”的政策进行反省，可能又会重新回到“创意力与人文教育”上来。从历史角度来看，教育政策总是在一定的中心轴上来来回回。

每当教育政策发生改变的时候，家长们就会非常惶恐，内心摇摆不定，但实际上，只要抓住中心对孩子进行指导就毫无问题。不管教育政策怎样改变，要想随着时间的流逝不会感到后悔，想让孩子即便在教育政策以及教育过程发生了变化的情况下也依然有竞争力，那就必须要树立起“让孩子幸福”的核心目标。必须要把孩子的学习能力以及创意力、人文教育进行适当调和，从而挖掘出孩子的潜力。这就是我——一个有着两个孩子的抚育经历，并且深切地体会着子女教育中种种酸甜苦辣的韩国普通母亲的结论，在遵从国家教育机关以及政府的教育政策之前，首先要做的是描绘自己的家庭教育政策，并使之稳固。

那么，如果想让自己的孩子不仅学习好，而且具有丰富的创造力以及端正的人品具体要怎么做呢？

每一个家庭都可以进行多种尝试，也可以开发各种活动，但是我认为最基本的、应该最先去做的，就是让孩子读书。

读书的孩子具有很强的创造力。因为在书中可以经历各种各样的事件，如此就可以发展自己的思考能力以及想象能力。

通过书中的人物，自然而然地就可以实现人性教育，塑造一个品性很好的孩子。虽然开始的时候是因为有兴趣才去读的，但是不断坚持下去就会产生理解力以及应用能力，学习也会变好。所以要引导孩子一直把书放在自己的身边，与书亲近。让孩子明白读书的乐趣是很重要的。

可是，上小学三年级的尚贤即使读书也不知道书中写的是什么内容。由于不知道是什么内容，所以根本就不可能觉得有趣。因此尚贤的妈妈最近正在对他的语文进行集中管理，不仅让尚贤写两张语文作业纸，而且还让他去上读书讨论辅导课。

“一二年级我还不太清楚。但是到了三年级的时候，我看到他的数学应用题大部分都错了，才知道原来他的语文能力不够。出现应用题的时候，由于他根本就读不懂是什么意思，所以他干脆就不读，只看数字，然后按照自己的想法加减乘除，所以不可能不出错。一二年级的时候，我以为他可能是学说话比较晚，所以读书也比一般的孩子要晚一些，于是就觉得没什么大不了的；又听说男孩子就是在这方面比较迟钝，所以我也没往心里去。其实，从他很小开始我就给他买很多的书，但是不知道是不是没有兴趣，反正他不愿意读书。我想总有一天应该就愿意读了，所以就那么放任不管了，现在才知道那样做是错误的。他最喜欢的科目是数学，可我真担心这样下去的话他连数学也不喜欢了。相比起数学成绩，我更担心这个问题。”

每个学科的基础都是语言，语文不行数学也不会好就是一个证明。

不仅仅是数学一个问题，社会、科学都是这样，只有把握了文字的意义才能学到新的知识，掌握新的信息。如果读过了也不知道是什么意思，学习能力必然就会下降。

更严重的是，有时候尚贤连朋友们的玩笑也听不懂，或者理解出现错误，所以很难插入别人的对话当中。由于沟通不畅，其他的小朋友总是无视他，不跟他玩，结果导致连交朋友方面也不顺畅。

在读书这个问题上，“不要错过最佳时机”也是很重要的一个方面。暂时的短暂的认真努力，或者是“集中管理”，是无法解决阅读理解的问题的。像尚贤这样，在这个时候知道了问题所在其实是很幸运的，但是我担心会不会由于过度集中管理，反而让他更加讨厌学习语文。

会读书的孩子不管教育政策如何变化，都不会发生动摇。不管教育政策是把重心转移到人性教育上来，还是转移到创意力教育上来，又或者是转移到重视学习能力上来，这样的孩子都会充满竞争力，都会很幸福。因为书成为了其他一切的基础，书会帮助他们解决这所有的问题。不管处于人生中的哪一个时期，哪一个阶段，读书的习惯是最重要的资产，是最重要的资源。

就像是在所有的事情中好的开始都是成功的一半那样，在学习的过程中，养成读书的习惯就是成功的一半。

2. 教科书的关键作用

教科书是学习的主干，参考书是对主干进行丰富和装饰的侧枝，是叶子。没有主干，侧枝是无法生长的，也就不可能有叶子，这就好比“往没有底的船里倒水”一样，即使学了也会漏掉。

教科书是针对学龄儿童必须要掌握的基础知识进行系统整理的书籍，是各个领域中的专家们参与研究、编辑、审议，深思熟虑之后，倾注了无数心血编写出的。不管是哪一个科目，都必须要遵照教科书，凭借教科书来学习是最安全最适合的道路。但是，有很多父母并不认为教科书很重要，他们总是把另外买来的参考书或者是全科书（韩国小学生用参考书）、问题集等等放在最前边，甚至无视教科书。

教科书是学习中最基本的工具，必须要最先学习教科书。不学习教科书或者是不好好学习教科书，只是凭借参考书来学是非常危险的，参考书应该是在教科书学习之后再使用才会有效果。

教科书是学习的主干，参考书是对主干进行丰富和装饰的侧枝，是叶子。没有主干，侧枝是无法生长的，也就不可能有叶子，这就好比“往没有底的船里倒水”一样，即使学了也会漏掉。而且，如果只是根据“侧枝”来学习就会很容易忽视自己现在处于什么位置，正在学习什么。所以即使是想用参考书来进行补充学习的时候，也必须首先要把这一单元的教科书看一遍才行。在考试之前也是如此，首先要在教科书里领会每一单元的目标是什么，讲的是什么内容，然后再学习参考书，如此一来也更容易掌握参考书的要义，就会理解参考书中为什么对这一部分进行补充和深化。

孩子们经常会说教科书非常死板，很无聊，没意思。但是，如果具有把握主干的能力，即使是枯燥无味的教科书也能被当做津津有味的故事书来读。喜欢读书并且读过很多书的孩子也会把教科书当做这个世界上无数书籍中的一种来接受。由于没有什么压力非常轻松地接受了教科书，所以可以没有任何负担地进行学习；由于没有任何负担地学习，所以成绩也会变得很好。

在学习教科书的时候也是有方法的。目录非常重要，看着目录就可以全面把握整本书的架构。而且目录是按照一定的顺序连接起来的，就会构成一个故事。

看一看小学四年级第一学期的教科书——《社会》，第一单元是“我们的市·道的模样”，第二单元是“我们的市·道的经济发展”，接下来的第三单元是“我们的市·道的全新面貌”。

乍一看好像是单纯的罗列，但是连接起来就会发现它的整体构造——先了解了我们的自然环境，再来看资源以及生产活动，了解居民的生活，然后再来学习所存在的问题以及解决问题的对策等，最后还描绘了我们生活之地的未来的模样。用非常有条理的结构循序渐进地拓宽孩子们关心的问题以及认知范围。

数学也是如此。出现了加法与减法运算之后，接着就是乘法与除法运算，然后就是把它们混合到一起进行混合运算。进行了混合运算之后就出现了分数，学好这部分内容的必要条件就是必须要熟悉加、减、乘、除运算。接下来又排列了分数的其他表现形式：小数，以及小数与分数两者之间的转化方法。同样，小数也要进行加法、减法、乘法、除法运算。再接下来就开始寻找解决问题的方法，可以把这些内容综合运用到实际生活中去。

教科书将这些内容进行了周密的排列，这是为了有效实现学习目的以及达成学习效果。在构成体系以及系统方面没有比教科书更好的了，因此教科书是学习中最好的工具。

跟随着数学书的数学练习册就像它的字面意思一样，是对于数学教科书中学过的东西进行练习，让解题更加熟练。它的体系非常“亲切”，就像妈妈的关怀一样，温和地让孩子对数学书中学过的内容进行充分历练——“了解一下是不是学得很好了”，“重新学习一下”，“更深层地学习一下”——以这样的序列，在旁边引导着孩子，鼓励着孩子，并对孩子进行称赞，真的是“善良的教科书”。

但是孩子们并不一定理解教科书的善良。为了让孩子们感受到教科书的亲切，对教科书的体系进行说明是妈妈们的责任。把教科书放到孩子前面，慢慢地学习的时候，要让孩子明白有多少人为了让他更好地学习而进行了努力，并给予了无微不至的照顾与关怀。明白了这个，孩子就会认真学习，成绩也就会好转。

3. 想成为“英语自由人”，小学阶段才是最佳时期

和迫切地让孩子早早接触一门外语相比，其实更重要的是提高孩子母语的水平。事实上，只有学好语文，才有可能学好其他语言。

现在，很多妈妈会让孩子从三四岁时起就开始学习英语，甚至还有刚满周岁的孩子就已经在接受系统的英语教育了。但是研究发现，以婴幼儿为对象的英语教育，其实对儿童大脑的发育起着负面影响。研究称，这阶段的学习不仅会给孩子带来很大压力，还会因辅助学习的其他能力没有成熟，导致学习效果并不理想。所以，我们完全没有必要操之过急。

和迫切地让孩子早早接触一门外语相比，其实更重要的是提高孩子母语的水平。事实上，只有学好语文，才有可能学好其他语言。母语水平低下的孩子外语学习达到一定水平后，就很难再有提高。很多时候，母语水平会成为提高英语水平的瓶颈。要知道不论母语还是英语都是一种语言，“语言能力”是学习外语的基础，这种能力在儿童学习母语时得到锻炼和发展，其实也是在为提高其他能力储备能量。

我认为在幼儿园阶段丰富孩子的母语，同时通过游戏使孩子对英语有一点点认知就可以了。以这种方式培养基础实力，到了小学再进行正式的学习，效果会非常明显。

小学阶段是开始接受正式英语教育的最佳时期。我这样认为是有如下几个理由的。

第一，孩子到了小学时期，因为有过学习语言的经验，对语言产生了一定的理解力，所以学起其他语言也会快些。

第二，从孩子大脑的发育情况来看，小学阶段也是最佳时期。根据脑科学家与语言学家研究，孩子学习语言的能力从 7 岁开始发展，到了 10 岁会达到全盛期，12 岁就会渐渐减弱。从大部分孩子上学的年龄来看，10 岁是三四年级，12 岁是五六年级，因此就可以得到“小学是学习语言的最佳时期”的结论。因此也有人说，如果要使外语像母语一样熟练，一定要在 12 岁之前就完成英语教育。

第三，从情绪和心理上来看，小学也是适合接受正规、系统的英语教育的时期。如前所说，过于小的孩子学习英语会承受一定心理压力。而中学时期又因为自我意识增强，孩子会为了避免失误变得沉默。但小学时期却是孩子最爱说、最积极的阶段，不论从情绪上还是心理上都是适合接受正式英语教育的最佳时期。

第四，英语学习需要长久、集中的时间投入。到了初中或高中，因课业增多、应试负担加重，孩子没办法抽出太多时间集中学习英语。从这里也可以看出时间充裕、其他课业压力不大的小学是最佳时期。

父母一定要利用好小学这段学习英语的最佳时期，帮助孩子成为“英语自由人”。我就是这么做的，我的两个孩子也都达到了在生活中可以自由运用英语的水平。

那么，到底如何做才能帮助孩子成为“英语自由人”呢？要在非英语国家的土地上克服学习障碍，我们要怎么做呢？

下面介绍一下我使用过的方法。

首先，要多听，还要大声念出来。很多时候，我们为了提高孩子的英语听力，会利用很多的卡带，但对于小学生来说影音光碟会比卡带效果更加明显。或者利用韩国教育电视台（EBS）以及韩国电视台（AFN）也不错。总而言之，对于孩子来说，他们更喜欢结合影像一起练习听力。因为从小影像就伴随他们成长，有趣的画面会帮助理解，因此孩子听得更顺畅。而且影像学习容易与实际相结合，今后在实际生活中遇到类似场景，也能很好地运用。

但并不是说光听就会提高，一定要有文字的辅助才能听得更好。在书中获取的“情报”越多，听得懂的地方就会越多。

读书时不能只用眼睛读，要大声念出声来——这在外语学习过程中，是尤其必要的。我一直鼓励我的孩子大声朗读，效果很好。

鼓励孩子大声说出英语，也能让孩子变得更爱说话。小学生的英语课本，大多都以对话为主，在大声念的过程中就会使对话的场景在大脑中留下印记，某个瞬间就会自然地从孩子口中流淌出来。而这种积极向上的语言能力会直接转变为写作能力，因为只要会拼写就可以把会说的写成文字。

听力、阅读、会话、写作能力就是这样互相促进，并最终实现语言能力的提高的。这就是在非英语环境下，不用孩子早期留学也能够学好英语的原因。

如果认为孩子的听力与阅读达到了一定水平，就可以选定适当的教材进行会话与写作练习了。要坚持以听力与大声朗读为基本，会话与写作则可利用活动手册和工作手册。时下有很多英语阶段性学习的书籍，家长可以根据书的编辑方向与孩子的水平、兴趣选择。

很多父母特别迷信外教。但有研究表明小孩子在外教课堂上会感到压力，而越小的孩子越喜欢本土教师，并且，外教老师在奠定儿童英语学习基础、树立学习体系的过程中并不一定比本土教师更有利。所以，与其全盘信赖外教，不如把重点更多放在英语基础的奠定和体系的树立上。我在孩子的英语教育中，是在她们的英语达到一定水平后，才利用外教学习的，不仅效果好，还节省了时间和能量。大一些的孩子也能更好地与外教进行口语练习和沟通，能够愉快地使用所学英语。

现在很多学校都已聘有专门的外教，听说将来韩国所有的小学都会配齐外教，这是一件好事。另外，去各种补习班也能看到外教的身影。但家长不要对外教期望过高，要知道，不是因为跟外教学习会了几句“生活英语”就自然能解决英语问题的。不论在哪儿学、跟谁学，父母都要引导孩子奠定基础、树立体系。

4. 减少那些辅导班吧

家长把孩子们送到各种校外辅导补习班，把要在学校里学习的东西提前学过了。由于全部都学过了，所以他们到了学校感受不到任何新奇感，也没有任何的期待，学校的老师则成了无聊地重复辅导学校老师讲过的内容的鹦鹉。

有很多孩子其实都不喜欢去上学，也不能很好地适应上课的时间。如果在课堂上转一圈就会发现，有很多孩子在传纸条或者画漫画，总之在做一些与上课无关的事情；也有很多中学生在上课的时候趴着睡觉，有很多会去欺负其他同学。如此一来，孩子们对学校生活会感到厌烦，对课堂学习的满足度也很低。并且，与从前相比，现在的孩子对老师的信赖感以及尊敬之心也大大降低了。像这样的“课堂崩溃”是全国性的现象，虽然类似现象最先是在日本开始出现的，但是，最新研究结果显示，目前韩国比日本还要严重。

为什么会出现这样的现象呢？虽然可能有多种原因，但是我认为，对孩子进行的各种“私下教育”是最大的原因。家长把孩子们送到各种校外辅导补习班，把要在学校里学习的东西提前学过了。由于全部都学过了，所以他们到了学校感受不到任何新奇感，也没有任何的期待，学校的老师则成了无聊地重复辅导学校老师讲过的内容的鹦鹉。

老师为孩子们展开全新的世界、给他们传授全新知识的作用已经消失，所以孩子们渐渐减少了对老师的信赖感和尊敬度。

现在的孩子们不仅会去多个辅导学校学习，而且还会经常变换学校，如果对补习学校或老师不喜欢、不满意，很容易就做出决定换一个。于是，在孩子们的心里已经产生了这样的一种认识，那就是如果对老师不满意就可以随便更换掉。当然学校的老师不像是辅导老师一样可以随便换的，但是已经不可避免地影响到了孩子们对于学校老师的认识，还会对“学校老师不能够像课外辅导老师一样随便更换”这件事怀有不满。

对于现在的孩子们来说，老师也成为了时时去进行比较的对象——学校的老师是不是比课外辅导学校的老师教得更好？时常这样对比一下。由于人类的本性是更加注重最开始时候的新鲜，因此就觉得最先传授他某个知识的人更好、更权威些。孩子们大都带有“学校老师不如辅导班老师”的偏见，甚至有的孩子认为学校的老师并没有什么实力。

总之，我们原来所认为的“在学校可以学到新知识”的观点已经消失不见了，大部分学生以及学生家长都认为在辅导学校里才可以学到新知识。孩子们似乎是为了一张毕业证书才去学校签到，为了获得升学的推荐才去学校上课。

在这样的氛围下，教师们的热情以及责任感也受到影响——既然已经在辅导学校里学过了，那就只是复习一下算了，大体上对付一下就可以了。老师们带着这样的想法，所以课上得也没什么激情。这是我作为一个家长的真实的感受。

教师们不能把睡着的孩子叫醒或者对疲倦的孩子进行责骂，因为老师们都知道几乎没有不上辅导学校的孩子，有时候从辅导学校下课回到家的时候都已经超过23点了。

学生家长们把原因归结到了倒塌的“公教育”上。由于不安，不知道该怎么做，所以只能把希望寄托于“私教育”，为了让孩子多上一个辅导学校而费尽心机。

那么，崩溃的课堂还有可能再复原吗？为了要让大家能在学校教育中获得满足，就一定要把学校办好，要提高老师的素质。并且，与学校以及教师相比，父母的作用也是相当重要的。

课堂崩溃，父母也要承担一部分责任。我认为通过父母的转变可以挽救大部分的课堂。

那么，我们做父母的首先要做的事情是什么呢？

首先，减少孩子辅导班的数量。其次，必须要制止过度的或者是无计划的提前教育。好奇心是在不知不觉中发芽的，而且只有在充满好奇的时候才会集中精神。第三，阅读、英语、数学、语文这些科目都必须要按部就班地学习，这是必须要打好基础的。第四，比起按照学校的进度直接提前学习，还不如去读一读那些与此相关的书更好一些。正确的做法并不是通过课外辅导来学习应该在学校里学到的内容，而是通过阅读与这些内容有关的书籍或者通过上网检索等手段来扩大孩子的思考范围，培养孩子的能力。不要带着通过提前学习让孩子考取好分数的野心，而要把注意力放到挖掘孩子潜在的能力方面。第五，对于那些由于学习负担过重而疲倦的孩子来说，休息是最好的礼物。第六，必须要培养孩子的忍耐心。只有如此才能更好地适应学校以及课堂。

两个孩子都上小学的景熙不让孩子们去辅导学校。即便如此，两个孩子学习都非常好，在众多的方面都很优秀。最重要的是非常喜欢每天早晨去上学。景熙说原因好像是“妈妈没让他们去辅导学校”。

“如果去学校，老师们会教给他们新知识，还可以见到朋友们，所以就非常喜欢去上学。虽然我在家辅导孩子学习，但是除了英语以及数学，并没有让孩子单独学习其他的科目，而是让他们读一些可以扩大视野的书籍，所以可以集中精力学习学校的课程。孩子并不是仅仅了解课本上的内容，而是通过集中精神去听、去读书间接地学到很多内容，也非常积极地举手发言，而且非常有创造力地去学习，所以非常有效果。”

这是非常值得妈妈们学习的方法。

5. 孩子患上了“基础实力不足症”吗

对于学习这件事来说，不管处于哪一个阶段，都是建塔的过程，只有下面有基石，才能向上堆放石头，然后堆放上去的石头就成为了新的基石。

有这样的孩子，学习态度非常好，但是就是无法集中注意力，或者即使集中了也跟不上学习进度。这样连最基础的学习能力都没有，当然就完全不能理解学校的课程。

对于学习这件事来说，不管处于哪一个阶段，都是建塔的过程，只有下面有基石，才能向上堆放石头，然后堆放上去的石头就成为了新的基石。

根据教育资源部近年学习成就度评价结果来看，小学生、初中生、高中生，随着年级的升高，具有优秀的学习能力的学生越来越少，相反的，连最基本的学习能力都没有的学生却越来越多，尤其是学生的数学以及科学学科的学习能力非常低，初中生和高中生中每 10 名学生里就有 1 名不具备基本的学习能力。对于基础比较差的孩子，必须要对不足的地方进行补充，让他们赶上大多数孩子。

对孩子来说，学习并不仅仅是成绩高低这样单纯的事儿，因为根据学习的结果，会有很多东西发生改变。尤其是像韩国这样重视学习能力的环境更是如此。如果学习好，孩子们的生活就会非常顺畅，在家里有父母的呵护，到了学校也会受到不同的对待。不光是老师，朋友们也会对学习好的孩子给予优待。而且学习好的孩子自己也会感受到幸福，因为在一边领悟一边向前发展的过程中会获得很多快乐。知道学习的乐趣的孩子因为感兴趣而学习，为了做得更好而不断继续学习，所以他们会取得更好的成绩，也会从自己取得的成果中感受到幸福。

但是学习不好的孩子不管是在家庭中还是在学校里都不会受到欢迎，基本上是大家无视的对象，是被父母老师唠叨的对象。“迟钝”、“学习不好”、“不论怎么教也学不会”、“傻瓜”等这样的话总是一直不停地向学习不好的孩子倾泻而下。如此一来就失去了自信，孩子会被“我不行”这样无力的想法折磨，自己觉得自己很丢脸，于是便产生了自卑感，情绪上也变得很不安。

因为学习的原因，孩子承受了很大的压力，因为基础差所以跟不上，但是父母动不动就把原因归结为“懒惰”、“不想学”。没有孩子是不想把功课学好的，只不过是不行而已。就如同我们的身体一样，如果有的地方被堵塞住了，就会循环不畅通，从而产生问题。孩子们在学习的时候遇到问题，一定要把堵塞的地方打通，使其畅通无阻。也像是身体不舒服的时候要去医院一样，如果出现学习问题就必须要寻找治疗方法，做妈妈的则必须要用热忱的关心以及无微不至的爱来照料受伤的孩子。

上五年级的东贤是一个非常听妈妈的话的孩子，他想按照妈妈的希望好好学习，想好好学习然后让妈妈高兴。在家里也是，只要是妈妈说的学习的时间就肯定会坐在书桌前面，到了学校也是按照老师的指示认真努力地学习。从学校下课之后就去妈妈给他报名的辅导学校上课，然后再按照辅导老师的要求学习。然而即使如此，东贤的学习成绩也总是处于下游水平，更糟糕的是，他渐渐变得意志消沉，也不与同龄的孩子一起玩，好像是得了忧郁症。可是就算是这样，东贤也没有把书本丢弃，仍然很努力地学习。但是当数学竞赛的时候他看到自己连平均成绩的一半都没有达到时，东贤终于爆发了。这次考试的前一天，他曾经认真学习到深夜，甚至因为劳累还流了鼻血，但是就是没有成绩。妈妈说："怎么会出现这样的分数呢?"这话对东贤就像是火上浇油一样。

"不论我怎么学就是不行，还要我怎么样啊！"

东贤的妈妈从那时起才开始重新审视这个问题。去找老师做了咨询，才知道原来是基础不足的原因。所以东贤的妈妈认为必须要改正自己只是强调提前学习的做法，不再一味希望比别的孩子学得快学得早。

患上这样的"基础实力不足症"的原因有很多，哪怕是为了孩子们的情商（EQ）以及情绪发展也必须要重视孩子的基础学习能力。这就是说，大家争先恐后把孩子送到辅导学校去进行提前教育的做法是十分盲目的，每个孩子的实际情况都不一样，所以必须要根据每个孩子的特点进行学习安排。

实际上，我认为这才是真正的"私教育"——孩子的基础实力不足的时候，给孩子进行私底下的辅导，把不稳固的基础夯实，让孩子可以赶上其他的同学。

这样做既可以减少孩子们情绪上的问题，也会让孩子们获得继续前进的力量，从而有所发展。

我认为就这一点来看，我们做父母的有必要放下我们的欲望，要敢于直面孩子。即使孩子没有达到自己的期望值，也要带着爱去原谅他们。做父母的应该想一想那些心里不理解但因为父母让去就去辅导学校里坐着的孩子们的痛苦。为了不出现像“往没有底的船里倒水”一样的结果，就不要总是只顾着往前赶。父母首先要做的就是对孩子的状态进行诊断，只有进行准确的诊断才能够找到治疗的方法，才会痊愈，才会幸福。

6. 会玩儿的孩子学习才好

想象力以及创造力并不是仅仅闷坐在家里背诵一些单词，解决一些数学问题就会产生的，而是要不停地追逐自己那些来来回回穿梭的想法，或者是享受自己独处时光的时候突然之间产生的。

人当然是要努力地工作，但是如果没有休息的时间或者是没有玩的时间，只知道埋头于工作，我们的生活就会变得枯燥乏味。只有工作与玩耍相协调，我们的精神和身体才会变得健康；只有实现工作与玩耍的均衡，我们才能够充满活力地工作。

但是，现在的孩子们要干的事情比大人还要多，基本可以看作是在压制下生活——根据妈妈制订的时间表不断穿梭于各种辅导学校之间。妈妈是为孩子们制订行程计划的“经纪人”，孩子们是按照制订好的行程计划来行动的“演艺人”。孩子们结束了繁忙的行程回到家里之后也不能休息，因为还有各种各样的作业在等待着。由于妈妈们都想把自己的孩子培养成聪明的孩子，所以她们让孩子像工厂里的机器一样一天到晚不停地运转。

英语、数学、钢琴、游泳等课外课程以及课外活动对孩子来说是必需的，但是如果不是自己想做的，只不过是按照妈妈的要求去做，就会失去主动性。做得太多或者是一次学习太多的种类反而不会出现期待的效果。

总是按照父母的要求去做的孩子，即使有可以玩儿的时间也不能舒心地玩儿，他们总是会觉得无聊，会烦躁，甚至是希望父母帮自己找一些可以玩儿的东西。如此一来，结果只能是看电视或者是玩儿电脑游戏。

只要有时间就懂得怎么玩儿，会在学习的过程中抽出一点儿时间玩耍的孩子是健康的孩子。自己寻找可以玩儿的东西，用幽默或者机智让自己的每分每秒都快乐也是一种能力。观察从自己的身边走过的人们的模样，看到路边的野花就可以编故事，这样的孩子无疑是幸福的，自己懂得抽出一点儿时间来玩儿的孩子是明智的，因为孩子们是在玩儿的过程中认知这个世界的。

对孩子来说，玩耍是生活、是力量，也是一种权利。认为玩耍毫无用处，这只不过是大人们的偏见而已。

在孩子们的玩耍当中蕴藏了许多力量。孩子的天性就是喜欢玩耍，不是说做自己喜欢的事情的时候是可以获得力量的吗？因此对于喜欢玩耍的孩子有必要更加宽待一些。

可是这并不像想象中的那样简单。在我们父母生活的年代里，勤勉与诚实就是出路，然后再接受教育，通过教育来实现经济增长，因此，努力认真地工作已经成为了一种美德被深深地烙印在人们的脑海中。

但是，时代已经发生了变化。不用凭借单纯的人力，机械也可以做得很好。人们的能力就是应该用在发挥想象力以及创造力来发明创造新事物上，那样做将更加有效率，更有效果。但是，想象力以及创造力并不是仅仅闷坐在家里背诵一些单词，解决一些数学问题就会产生的，而是要不停地追逐自己那些来来回回穿梭的想法，或者是在享受自己独处时光的时候突然之间产生的。

世界在不断地变化着，“玩儿”已经成为了一种事业，成为了一种产业。看一看游戏产业，从自己玩儿得好到让别人也玩儿得好，既可以赚到钱又可以取得成功。所以希望父母们允许孩子有玩耍的时间，对孩子玩耍给予尊敬。在21世纪，玩儿就是学习，玩儿就是一种投资。妈妈们要带着这样的想法，对于那些总时不时从口中蹦出来的“如果有玩儿的时间就把这些时间用在学习上吧”这样的话进行压制。

回想小的时候，在那些令我不满的事情中，“不能尽情地玩耍”始终高居首位。虽然相比现在的孩子我们那时候已经算是玩耍得很充分了，但是还是觉得不够，总是还想再多玩儿一会儿。虽然我是那么喜欢玩儿，玩儿的时候是那样的幸福，但总是悄悄的，不敢让我的父母发现。

现在成了母亲的我常常觉得非常幸福，因为我可以按照我的想法让孩子们尽情地玩耍。看着尽情玩耍的孩子，我自己也变得非常快乐。虽然学习也很重要，但是玩耍的重要性一点儿也不输于学习。反正学习的目的也是为了让孩子变得幸福，那么如果因为学习而让孩子感到不幸岂不是太冤枉了！我觉得孩子应该高高兴兴地享受每一个瞬间，应该时刻感觉到幸福。带着这样的想法，我总是为孩子们提供一些可以玩儿、可以大笑的机会，给孩子讲一些搞笑的故事，与孩子一起哈哈大笑；在孩子学习结束之后，与孩子一起练一练跆拳道，做一做伸展运动或者是相互打闹一番，创造一个充满欢乐的氛围。如果孩子陷入沉思中或者是一个人玩儿的时候不要去妨碍他，一定要收起想要干涉的想法。

可能正是因为如此，我们家的老大在高考之前的几个月还去看了自己喜欢的音乐剧，也去电影院看电影，读一些与考试无关的图书，就这样度过了如金子一样珍贵的时间。

上小学六年级的我们家的老二甚至是达到了让其他的妈妈惊讶的程度，几乎就像是因为要玩耍而出生的孩子一样充满了热情，真的是在“尽情地玩耍”。可能是看到过我们家老二尽情玩耍的样子了，所以孩子朋友的妈妈说了这样的话：

“由于学习很好，所以我一直以为她是一个非常安静的孩子呢，但是好像不是那样的。”

“对啊，我之前看见过她跟其他的孩子玩耍，完全不像是学习很好的孩子。你是没看见玩儿得有多么的高兴，大喊大叫，哈哈大笑，又蹦又跳。但是却依然学习很好，真的是很不理解。”

“谁说不是呢。我们总是认为学习好的孩子应该很安静，只有安静的孩子才会学习好，但是现在看来好像不是那样的。”

“可能是因为她没有其他同龄的孩子成熟才会这样的吧。”

虽然这样说，但其实这只不过是表面应酬的话，她们真正想说的话并不是这样的，她们在心里说：

“我也希望我的女儿能够成为会玩儿的孩子。有作业的时候认真地写作业，没有作业的时候可以尽情地玩耍。不仅会玩儿，而且也会学习，有考试或者是作业的时候很认真。这样的女儿真的很好。”

那么好吧，现在说说当你想对孩子说“不要再玩儿了”这样的话的时候必须要记住的5条是：

1. 对孩子们来说玩儿是一种休息。

2. 玩儿是在为做好下一件事情进行能量补充。

3. 玩儿的时间是思考的时间，是按照自己的想法进行创造的时间，也是一种生产的时间。

4. 孩子们在玩儿的过程中促进左右脑的开发。

5. 玩儿过之后才能够好好学习，才会享受学习，才会坚持更长的时间。

7. 为孩子养成“协作精神”提供练习所

现在已经不是像爱迪生那样依靠个人才智来工作的时代了，而是讲究团队合作，把每个人的能力以及技术结合在一起，相比之下是否能够进行团结协作更加重要。现在的时代已经变成了不懂得团结合作的人很难生存下来的时代。

现在在学校里有很多的集体活动或者需要孩子们群策群力共同完成的作业。在这些活动中，那些只强调自己意见的孩子加入进来就会产生矛盾，而那些能力不那么强总是做不好的孩子就会因此承受压力。也有一些可以把相互之间的不同意见进行调节的孩子，他们的表现很帅气。活动结束之后，孩子们之间有时候会说“因为你我们输给了其他的团体”，“因为你没有取得好分数”这样的话，相互之间进行指责。

团体活动做得好或者是不好对孩子们来说是很重要的事。对于那些做得好的孩子来说，这也是一种学习。因为他会思考该如何解决这样或那样的问题，带领团队取得优秀的成绩，为了这个目标他会一直思考不断寻找方法。而对于那些仍然没有适应团体活动的孩子来说，一边看着那些做得很好的孩子，一边尝试和体验，同样是非常宝贵的。

每当有团体活动的时候，孩子们都会到某一个同学家里去，可能每个家庭都会轮到那么一两次，孩子说要完成集体作业所以要把朋友带回家。妈妈们也都知道团体活动可以培养孩子们的协作能力，但是经常是看到聚集而来的孩子们的某些行为之后就感觉到了失望。

孩子们一来就分为了两派。男孩子们全都奔向了电脑，女孩子们参观完房子之后就坐到一起开始絮絮叨叨地聊天，根本就已经忘记了到朋友家里来的目的了。就这样过了一两个小时之后家里的电话开始响了起来，因为已经到了去辅导学校上课的时间了，所以都是孩子们家里打来的提醒孩子快点去上课的传呼电话。

直到这时孩子们才想起大家聚到一起的目的，于是非常匆忙地决定各自的分工：

“智英你准备画画，李贤你写目录，景植你从电脑上搜一下解决方法然后写上，然后我来写结论。”

“不是应该相互之间协商着来吗?”

“没有时间了，所以大体这样吧，但是每个人必须要完成自己负责的部分，如果不这样我们组就要成为最后一名了。”

本来是决定一起完成集体作业，但是最终顶多就是各自分工然后各自完成而已，所以根本就不可能做好。孩子第二天从学校回来之后就说谁谁没有完成自己负责的部分，谁谁写得完全就是出乎意料，一点儿都讲不通。

由于几乎每次都是这样的情况，所以妈妈们对于孩子们说的去朋友家完成集体作业或者是孩子们要到自己家里来写集体作业的事一点儿都不欢迎。在孩子上低年级的时候，妈妈们还是积极地给予帮助，但是随着孩子年级的升高，妈妈们对这样的活动越来越不满意。尤其是需要把家借给孩子们用的时候，妈妈们会觉得很麻烦。因为孩子们将会怎么做大体上已经在自己的脑海中描绘了出来，甚至是达到了需要极力忍受的程度，不觉得有任何意义。

家里有两个孩子的圣恩的妈妈说了这样的话：

“经历了几次之后就发现，每当我们家的老大有集体作业的时候，全部都是他一个人完成。因为他知道反正孩子们聚到一块根本就不会做什么，只不过是白白地占用一些时间而已，所以干脆他一个人全部完成，然后再添加上队员的名字。他一个人完成，其他的孩子也觉得很舒服、很好，而且也能得到很高的分数。当然有时候他也会觉得自己一个人做非常累，非常不公平，但是比起全都聚在一起浪费时间还不如自己一个人完成。因为他很明白大家聚到一起会怎样。”

有时候孩子们甚至找不到可以让大家聚到一起完成团体作业的家庭。

上五年级的贤智的妈妈曾经这样说：

“不久前的一个周六，孩子淋着雨回家了。因为她说要去朋友家完成集体作业，所以也就没有想着去给她送雨伞，可是孩子却淋着雨回来了。我问她怎么回事，她说：‘朋友的妈妈说不让在家里，其他的妈妈也不让去他们家，所以我们就决定留在学校里，在教室里完成。但是老师又说因为是周六所以不能留在教室里，于是我们只好出来了。我们只能在学校后院的树底下完成这个作业，没想到突然开始下雨了，准备的资料全都湿了，这下我们队肯定是倒数第一。’听了孩子的话之后我不知道有多后悔，我也不是因为有什么特别的原因才不让孩子到自己家里来的，坦率地说，我是因为不喜欢那么多的孩子聚到自己家里吵吵闹闹，可能别人也是这样，所以最后孩子们就没有地方去。”

如今的时代，不管在哪一个领域都需要大家一起合作。哪怕是一部手机也需要多个领域的人构成一个合作的网络，必须要进行合作才可以完成。时代在不断地发生变化，现在已经不是像爱迪生那样依靠个人才智来工作的时代了，而是讲究团队合作，把每个人的能力以及技术结合在一起，相比之下是否能够进行团结协作更加重要。现在的时代已经变成了不懂得团结合作的人很难生存下来的时代。

想一想这个问题，就必须要对孩子们的集体活动、集体作业保持着忍耐之心，对孩子们进行帮助，多给他们一些机会。为了培养孩子在以后的道路上所需要的团结合作的精神，就必须要为孩子们提供练习场所。

8. 如果想培养一个善于发言的孩子

如果想把自己的孩子培养成一个不管在什么时候，不管在什么地方，都可以条理清晰地把自己的意见表达出来的人，那么就必须要从孩子小时候开始就认真听他说话。

“我是六兄妹中的老小，小时候每当我想说什么话的时候，哥哥姐姐们就会用眼睛瞪我，阻止我说话。虽然如此，由于非常想表达就还是张口了。但是哥哥姐姐们就会说：‘你知道什么？不要妨碍我们，安安静静地待着。’他们还会经常拿我开玩笑，说我长得丑或者是说我是猪，这让我幼小的心灵感到非常委屈，所以有时候就哭了。他们就会说：‘哭什么！明明白白地说一说你的意思，说话！’当我哭哭啼啼地好不容易把自己要说的话说完，他们又会说：‘你那算是说话吗？真是的，如果想说话就得说得明明白白，明明白白！’他们会用带着轻蔑态度的眼神看着我，然后就把脸转过去了。现在想一想，对当时爸爸妈妈的态度也感到不可理解。哥哥姐姐们那样对待我，爸爸妈妈也没有阻止一下或者是批评他们。可能就是因为这样的原因，我小的时候一直不敢在大家面前抬头，总是畏畏缩缩的。虽然在同龄的孩子中间由于学习好所以并没有被疏远，但是在长辈们面前我总是非常羞怯。在学校里如果老师让我在课堂上站起来读书，我的心跳就会加快，腿也会发抖，不能好好地发出声音。按照学号一个个被叫起来读书的时候，每当渐渐轮到我，我就会不知不觉地大口喘气而且眼前一片昏暗，所以根本看不见书上的内容。老师无法理解，说：‘学习这么好的孩子，怎么就是读书不行呢？’我就是这样度过了自己的童年时期，想想觉得很委屈，但是也不可能重新来过了。”说起自己的童年，41岁的圣熙不知不觉眼睛里已经满含泪水。

时代在变化着，现如今的妈妈们对于孩子的发言表达的关心越来越多。孩子一从学校回来，妈妈们就会问：“今天举手发言了吗？发言了几次啊？”那种语气几乎是火急火燎的；每当妈妈们去参加孩子学校一年一度的公开课的时候，关心的也只是：“我的孩子能不能很好地发言呢？”

现在上中学的静雅这样说：

“上小学的时候我非常讨厌公开课。妈妈来听公开课的时候就只关心我发言好不好，如果不好回到家就会批评我：‘连发言都不行，你说的那些是什么呀？人家谁谁说得就很好。’但是即使如此，低年级的时候每次公开课还是会积极发言，因为想被妈妈称赞。而且，如果不发言，回到家妈妈就更会批评我的。好像是到四年级为止一直都是那样的，但是从五六年级开始，上公开课的时候，即使妈妈来了我也不发言了，也非常讨厌老师为了让妈妈们高兴而提前让我们练习，我觉得那些把反复练习过的发言表演得像是临场发挥一样的同学非常可笑。这样一来回到家之后当然会挨批评。妈妈会说其他的孩子都回答问题为什么我不那样做。”

那么，如果想培养一个善于发言的孩子应该怎样做呢？与上边听到的例子反着做就可以了。

如果想把自己的孩子培养成一个不管在什么时候，不管在什么地方，都可以条理清晰地把自己的意见表达出来的人，那么就必须要从孩子小时候开始就认真听他说话。不要阻止孩子说话，必须要给孩子充足的说话时间。而且，不管是什么原因也不要给孩子压力让孩子变得畏畏缩缩。一定要记住，孩子的童年时期是一个乐于表达自己的意见并不断学习进步的时期，所以必须要对孩子具有包容心，去教育他，引导他，但同时必须要给孩子一片广阔的天空。而且，即使孩子做了一件非常小的事情也要给予称赞，必须要培养起孩子的自信，只有这样做孩子们才会说话。

对幼小的孩子来说，在他人面前说话也是一次冒险。不管是谁，当需要去冒险的时候都会变得不安。要尽量帮助孩子们冒险成功，即使不是自己的孩子，当别人的孩子走过来说话的时候也要给予亲切的应答。自己孩子发言能力的提高需要周围的人们的帮助，同样，别人的孩子发言能力的提高也需要我们的亲切与包容，这是需要整个社会互帮互助来完成的。

还有，在孩子们小的时候记录下他们的语录，以此鼓励孩子多说话，这样在孩子的心底就撒下了勇于表达的种子，更容易打开“说话”的路途。

这样做过之后，就没有必要担心孩子们在学校是不是发言、发言好不好这样的问题了。自己放松下来，还能帮助孩子们变得镇定。

不管是我们家的老大还是老二，在她们上小学的时候，我见到老师说的话基本就只有一个主题：

“我们家孩子是不是发言太多了，会不会抢了其他小朋友发言的机会啊？如果发言太多老师就制止一下吧。孩子从学校回来之后我总是跟她说：即使你知道，但是如果不是什么伟大的意见就不要总是举手发言。可是每当我这样说，她就会说：‘我脑海里有想说的话为什么不让我说？那样老师不就会认为我不知道了吗？’可能是因为孩子上学早一年，所以心理年龄还有点小，等长大一些，可能即便有想说的话也因为害羞而不发言了。所以，即使我们家的孩子举手了，也不要让她妨碍其他的孩子，希望老师可以好好进行调节。是不是太折腾人了，真是担心啊。”

我这样说老师总会感到非常惊讶：

“不是那样的。我们韩国的孩子们都不怎么喜欢发言，所以上课的时候经常会冷场，每当这个时候您家的孩子就会主动发言，由于她的发言才会使课程顺利进行下去，也给课堂增添了活力，所以您没有必要为这个问题担心。”

当然，这可能是老师出于礼貌而做出的回答。但是，不管怎么样，我好像从来都没有因为孩子不发言而有压力，反而总想着不要让孩子过多地发言，想让孩子更沉稳一些，这是我的努力方向。

令人高兴的是随着年级的升高，孩子开始出现“沉稳”

的迹象了：“现在只有当老师提问没有人举手的时候我才举手，那种情况下如果没有人说话老师是会发火的。”

下面把可以判断孩子发言能力的诊断表以及根据不同测试结果制定出的训练方法列出来，给大家做一个参考：

我的发言能力是什么水平呢？

发言能力的自我诊断表以及训练方法

总是如此（3分）经常如此（2分）偶尔如此（1分）完全不那样做（0分）

1. 讨论课上我的意见经常被采纳。
2. 在别人发言的时候我会关注他们做得好不好。
3. 我属于积极地表达自己的想法的人。
4. 彻底做好准备我才发言。
5. 听我发言的人越多越好。
6. 为了能在发言时做得很好我不断地寻找方法。
7. 发言的时候我能声音洪亮，不颤抖。
8. 我会先举手，再发言。
9. 发言时不仅是语气，甚至视线、情感以及动作处理我都非常在意。
10. 如果上课的时候有不懂的问题我会马上向老师询问。
11. 发言的时候基本不紧张。
12. 如果确定了发言的时间，就会严格遵守。
13. 在发言过程中不会重复相同的内容，我属于会把自己的主张传达得非常明确的人。

【诊断结果】

26分以上：这样的人具有非常优秀的发言能力，可以通过对声调、表达方法、说话的速度以及姿势等多方面的训练，努力开发出自己最优秀的表达能力。

13~25分：属于不能很好地表达自己想法的一类人。缺乏瞬间的词汇组织能力以及口头表达能力。可以尝试把要说的内容写下来，也可以分多个主题进行表达。这样做不仅表达能力会有所提高，而且也能培养合理安排发言时间的能力。

12分以下：社会性不足导致发言能力不高。比起盲目使用各种发言技巧，不如先培养孩子的社会性。以孩子比较感兴趣的领域为中心，为他们创造可以经历各种各样的社会关系的环境。而且，如果想克服发言恐惧症，就有必要接受可以明确转达自己意见的训练。比如可以对着穿衣镜，把脑中准备好的有关某个主题的内容慢慢地表达出来。使用便携式摄像机录像之后回放给自己看也是一个不错的方法。

资料来源：熊津教育文化研究所

9. 假期里不上辅导班不行吗

在放假的时候，不是让孩子多上一个辅导学校，而最好是为孩子减少一个辅导学校，让孩子在假期中有可以自主的时间。

每当快要放假的时候，就像是面临一场大战一样，气氛非常不一般。妈妈们搜集所有有用的情报，为自己的孩子物色假期的辅导学校以及课外老师。现在那已经成为了财力的象征，也是妈妈们的能力的象征。

虽然在平时孩子们也会上一些课外辅导班，但是放假之后家长会让孩子接受更多的科目辅导。“放假的时候哪怕是多学一个也好。”妈妈们是带着这样的想法把自己的孩子送到各种各样的辅导学校里去的。所以，即使到了放假的时候孩子们也不能休息，整天穿梭在各种各样的辅导学校之间，简直比平时更累。

上五年级的美拉曾经这样说：“我希望干脆不放假就好了。每当到了放假的时候，就会有各种各样的辅导班等着我。去那些辅导学校比去学校上课还要忙，比在学校上课还要累。不放假的时候是去三四个辅导学校上课，放了假要去6个辅导学校上课。英语、数学、写作、游泳、钢琴、舞蹈……真的是很累啊。即使在放假的时候，每天也是写作业写到很晚才能睡觉，可有时候还是完不成辅导学校的作业。”

不管是多么好的辅导学校，多么好的辅导老师，如果学了之后根本没有时间复习，辅导学校的学习是没有任何意义的。就算是教得再好，没有自己学习的时间，也不会把学到的东西变成自己的。

数学更是如此。如果回到家不自己多做练习题，是没有任何效果的，孩子们只不过是参观了一下能够很好地解答数学问题的老师的课而已。孩子们忙着到处去参观那些教得好的老师的课，同时又承受着相当大的压力。所以，对孩子进行课外教育的时候，必须要根据孩子可以消化的量来安排，并保证他们能够做到边复习边学习，温故知新，家长要按照这个标准进行调节。当然，放假的时候也是可以对落后的科目进行补充整理的，是可以提高成绩的一个机会。因为平时上课的时候要按照学校的步调走，而在假期中则可以按照自己的想法去学习。

但是我始终认为把“放假”与“去辅导学校上课”直接联系起来是有问题的。由于通过辅导学校以及家教的补习铺平了学习的道路，所以孩子们就很容易失去自发性，丧失了自我学习的能力。即使今后进入了大学，也很容易依赖别人。的确，现在的很多大学生很难自主学习，尽管已经读到了大学也还是想着去辅导学校接受课外辅导，学习报告或是论文都不能自己解决，只能依赖别人的帮助。一方面可能是由于自己的能力不足，另一方面，也有可能是因为身边没有辅导老师，这让他们的心里感到不安。从小开始就总是去辅导学校上课，或者是依靠课外辅导老师，所以才会出现这样的现象。而在大学周围果然有很多的辅导学校来满足学生的要求，学生们几乎都是在辅导学校解决所有的问题。

大学曾经是“培养那些对国家以及人类社会的发展进行研究的指导性人才”的地方，如今，“大学”在词典上的意义已经褪色好久了，甚至达到了“无色”的程度。

孩子在假期既不要只去辅导学校学习，也不要什么事也不做地休息，而要让自己成为主人，制订适合自己的生活和学习计划。假期是在实践的过程中培养好习惯的时机，是那些还未被全面开发的孩子们寻找自己隐藏的才能以及兴趣所在的时机，是孩子对在上课的过程中遗漏的部分进行补充的时机，又是一个可以悠闲地尝试从前由于没有时间而没能去做的那些事情的时机。把上课的时候不理解的问题重新解决一下，自己向自己进行挑战，虽然有些缓慢，但是可以慢慢地沿着学习的主脉感受学习的乐趣。假期，恰好是可以培养孩子的自我学习能力的时间。

但是，在放假期间妈妈们却还是一如既往地把孩子们赶到辅导学校去。她们希望孩子通过在辅导学校的学习可以快速提高学习成绩，希望孩子像斗鸡一样，在与其他孩子的斗争中能够取胜。

由于总是这样被牵引着去学习，所以孩子不能养成自主学习的习惯，很有可能在了解到学习的乐趣之前就已经对学习感到疲倦了，即使学习了新东西也不觉得新鲜，即使在新奇的东西面前也激发不出好奇心。他们会先考虑："怎样背诵这些来面对考试呢?"用比他们的年龄要大得多的沧桑来面对世界。

我们应该看得长远一些，应该要培养孩子的自主能力。学习并不是可以在短时间内结束的事情。而且，在人生的征途中需要自己担当、自己负责的事情有很多。如果想要成功解决这些事情，就必须要有可以自己解决问题的力量，如果没有这种力量将会寸步难行。因为在今后漫长的人生旅途中，每当遇到问题，并不是去辅导学院就可以解决的！

所以，在放假的时候，不是让孩子多上一个辅导学校，而最好是为孩子减少一个辅导学校，让孩子在假期中有可以自主的时间。虽然很缓慢，但是必须要给孩子这样的机会，让他们通过亲身经历自己去感悟，让他们有机会感受到靠自己的力量在困境中柳暗花明的快乐。孩子们可能会通过这样的快乐获得一生的学习的能量。

10. 孩子们需要什么样的计划表

计划表为什么会变成无用之物呢？难道真的不能制订出真正有帮助的生活计划表吗？

孩子们从上了小学就开始制订生活计划表。尤其是临近放假的时候，就像是每年的例行活动一样，人人都要制订出假期生活计划表来。

如果光看计划表，任何人都是模范生。这些计划表上满满当当地罗列着各种计划，比如每天学习英语两个小时，每天做数学习题一个小时等等。

虽然孩子们经常要制订计划表，但是真正按照计划表来生活的孩子几乎没有。每当假期之后，孩子们看着自己制订但并未遵守的计划表，心里总会感到有点失落。生活计划表就是这样一次次让孩子们陷入懊恼。

有过一两次这样的经历之后，孩子们再制作生活计划表时就没那么真挚了，他们知道那根本就是不会被遵守的计划表。但是为什么仍然会做呢？因为那是老师让做的，要是不做会被老师批评的。慢慢地，有计划而不遵守成为了习惯，心理上也觉得很坦然，因为这样的事情并不是一两次了，而且知道大部分其他的孩子也都是这样的。

生活计划表就像它字面的意思一样，为自己规划时间，是一种需要遵守的实践方案，它是约定，也是决心。但是为什么会变成无用之物呢？难道真的不能制订出真正有帮助的生活计划表吗？

答案是我们当然可以制作切实可行的计划，只是不要以时间为中心来制订生活计划，而是以课题为中心来制订就可以了。不是“数学学习时间一个小时”而是以“解决4页数学教科书上分数单元的问题”，“做3张单元练习”这样的方式来制订。

如果像这样以课题为中心来制订生活计划表，就不会变成时间的奴隶，孩子们会对时间进行自我主导。哪怕是为了尽快结束之后好好玩也会非常地集中，认真努力地去做。如此一来就会提高学习效率，会有更多的时间来做自己喜欢的事情，就会产生可以自己控制时间的能力。这就是所谓的“时间技巧”。

由于孩子完成了计划内的事情，所以妈妈们的心也开始变得宽容起来，也允许孩子们可以有尽情玩耍的时间。站在孩子的立场上来看也是，自己已经完成了自己要做的事情，所以剩下的时间完全可以堂堂正正、舒舒服服地做自己想做的事，自己支配剩余时间。孩子们通过这样的经历就会锻炼自我评判、独立处理事情的能力，内心也会变得更加积极向上，更加快乐幸福。

下面向大家展示一下我们家老二在小学四年级时制订的生活计划表：

假期生活一天日程表

· 吃完早饭30分钟之后通过电视看英语节目。

· 把电视关掉在安静的环境中尽情地玩耍（读书、画画、打滚儿）。

·通过活动手册以及工作手册来巩固自己的英语会话以及英语写作的基础。

·学习数学。

·出声朗读一下以前读过的英语童话书，可以当做嘴部运动。

·吃午饭。

·稍微玩一会儿然后睡午觉。

·用“三阶段朗读学习法（通读—内容查看—出声朗读）”出声朗读新的英语童话书。

·用与英语完全不同的汉字学习来洗一洗脑。

·与妈妈一起去后山散步。

·带着下午也要张张嘴的想法大声朗读以前做的笔记。

·弹一会儿钢琴然后玩电脑度过美好的下午时光。

作为参考，这一份“生活计划书”除了乐器学习之外，其他全部都通过家庭学习来解决。虽然没有参加英语进修或者是假期训练营什么的，但是由于把假期当做了集中精力巩固英语的时机，所以学习英语的时间有很多。可以仿照这样的生活计划表，根据每个孩子的不同的个性、实际的情况，以及学习进度，来制订与孩子相符合的生活计划表。

11. 在家里做的左右脑训练活动

虽然学好数学的方法有很多，但是我尝试的方法是非常简单的。用教科书来掌握体系以及系统，然后并列使用可以刺激孩子们左右脑创意力以及思考力的教材。

最近由于倡导“效率教育”或者是“英才教育”，各个教育部门都为此投入了不少心血。但是站在学生家长的立场上来看，这样的变动很有可能给他们增加校外教育的负担。而且各大校外教育机构也会把这样的变动当做一次机会，更加起劲儿地宣传自己。但是并非只有通过昂贵的私教育才能成为“英才”，以数学为例，完全可以在家对孩子完成英才教育。

虽然有很多种方法可以尝试，但我只给大家讲讲我曾经用过的方法——

准备一下从小学一年级到六年级的数学教科书，然后不要理会学校的教学进度，只是自己辅导孩子，将一年级到六年级数学书以及数学练习册的内容从头至尾学习一遍。乍一看好像觉得孩子们会很累，但其实不会。由于教科书是分阶段有条理地构成的，所以只要理解了前面的内容，就会毫无障碍地接受后面的内容。在理解概念和原理的同时关注相互之间的连贯性，在辅导孩子的过程中让孩子们明了教科书的体系，这一点是很重要的。

由于教科书没有任何多余的内容，条理十分清晰，所以在学习的过程中就可以把脉络掌握得一清二楚。数学这个学科掌握住脉络尤其重要，这一点教科书完全能为我们解决。只有教科书才能为孩子们开辟出数学式的思维道路，才会让孩子们理解数学学科的体系，因此，不能不说教科书是最优秀的教材。

就这样把一年级至六年级的数学课程全部学完之后，再重新购买从孩子所属的年级（在学习期间，随着时间的流逝孩子的年级也在不断地上升）到六年级的教科书，让孩子重新学习一遍。这是重新沿着脉络进行学习的时间，刚开始学习的时候急急忙忙学过去的部分，在进行第二次学习的时候往往有了更加明确的理解。

像这样对小学教科书进行两次学习，基础就会极其扎实，即使是中学数学也可以很好地消化了。中学数学也同小学一样，一定要在脑海中为孩子开辟出“数学的思维模式”，这是很重要的，基于这样的考虑，所以也给孩子买了中学数学的教科书，开辟出从一年级到三年级的道路，然后再重新回到一年级，这一次是在孩子的脑海中开始道路的扩张工程，神奇的是，可以感受到孩子脑海中的道路正在扩张为高速公路。我觉得比起把孩子所在年级的学习内容进行深化、复习，首先用教科书开辟出道路的方法效果是很不错的。

诚然，我之前也说过提前教育的弊端，但那更多是指在校外辅导学校中无章法地提前学习。提前教育并不是阻挡孩子的智力发展以及成就感的障碍物，在孩子们中间有一些孩子很难跟得上所在年级的进度，相反也有一些孩子不仅可以充分消化超过自己所在年级两三年的内容，而且在学习的过程中还可以感受到成就感，因此感到很幸福。虽然应该消除对那些学习稍微缓慢一些的孩子存在的偏见，但是同样，也应该要消除对那些学习稍微快一点儿的孩子的偏见。

虽然在学习数学的时候，在为数学学习开辟道路的方面没有比教科书更优秀的了，但是教科书并不是全部，而且仅仅凭借教科书来学习可能会感觉单调，那么如果添加一些有新意的或者是竞赛类的习题书，孩子就会觉得好玩些。这一类的图书并不是着急让孩子们机械化地解决问题，而是让他们学会用脑，同时感觉到数学是一门需要思考的学问，进而学会思考的方法，通过思维训练来促进左右脑的开发。

虽然学好数学的方法有很多，但是我尝试的方法是非常简单的。用教科书来掌握体系以及系统，然后并列使用可以刺激孩子们左右脑创意力以及思考力的教材。我就是通过这样的方式为孩子们的大脑增添新鲜空气的。

那么该怎样配套使用这些教科书外的教材呢?

首先，挑选与孩子的水平相符的教材，然后渐渐地提高。如果第一步就失败，孩子们就会讨厌并且疏远这一类图书。

其次，在学习这一类的图书的时候，必须要对“量”进行调节，不能过度。只有这样孩子们才能集中精神，才能够进行充分的思考。因为如果一天中要完成的量过多，孩子们就会产生只想潦草地解决问题、马虎地应付过去的倾向，很难像所希望的那样进行创造性地思考、反复练习、寻找解决之道。站在父母的立场上来看，就像是吃饭的时候总想让孩子多吃一口，但是在学习开发左右脑的教材时，则必须要对学习的量进行彻底调节，这样才能让孩子感受到“最佳的美味”。即使孩子只解决了一两个问题，或者是三四个问题，也要对孩子进行称赞，夸他做得好，告诉他已经足够了。

当然，实际上做起来就会发现其实没有说的这么简单。

而且，只要每天坚持下去，量就不少了。所以比起做得多，每天坚持更重要。而且如果很幸运，孩子从中感受到了兴趣，不给题做就像是“发疯一样”，那么这个时候再增加量也不迟。

这样的图书的优点就是会诱发孩子们思考、讨论。不管是正确还是错误，孩子都应该对自己的思考过程进行整理，并且表达出来。不只是扩张思考力以及创意力的领土，而且还要培养进行思想沟通的力量。

如果阶段提高了，就可以尝试挑战世界顶级天才俱乐部门萨制造出来的游戏。这些游戏玩起来很快乐但绝不简单，因为让大脑发生地震引发海啸的问题并不是一两个，因为没有能够解决问题而遭受挫折的时候倒有很多。

就算是这样也不差啊，因为在这一过程中可以与孩子进行很多对话。虽然是作为父母与子女一起生活，但是从来没有像这样一起为了思考一个问题而想破脑袋的时候。可以非常快乐地享受这样的失败。孩子们看到没能解出问题来的父母就会想，原来也有爸爸妈妈解决不了的问题啊。这样的经历给了孩子们感受挫败的机会，从小练习面对失败，这会让孩子们产生韧性，也会培养孩子的免疫力。

对那些没有解决的问题进行苦思冥想之后，在洗碗的时候或者是择菜的时候可能灵光一闪，就说给孩子听：

“刚才那一个问题呀，如果把图形一下子翻过来会怎么样呢？那样会不会找到什么头绪呢？”

有可能是对解决问题没有任何帮助的建议，但是由于突然抛出所以效果很大。会让孩子明白，妈妈在洗碗或者是择菜的时候都一直在思考问题！一直集中的姿态比 100 遍唠叨还要有用。

说实话我还真不是在摆样子，在没有解决问题的一天当中，即使是在洗抹布，那个问题也会一直浮现出来；即使是在马路上的指示灯前边也会不停地思考那个问题，一直到听到后边的车发出的鸣笛声才知道该出发了。这样的情况不是一两次了，每当这样的时候就会露出苦笑：

“这么大的年纪了，用不好使的大脑思考数学问题连指示灯都没看见，真是的。”

但是，在那一瞬间我又用希望来安慰我自己：

“不管怎么说，经常用脑不是可以预防痴呆吗？”

12. 只有了解了学习的快乐，人生才会幸福

感受到学习的快乐的孩子就像是动力十足的火车一样，懂得沿着自己的轨道行驶。即使父母不在一边照顾，也会自己充电，然后凭借着自己的力量前进。

看看孩子们的生活就会发现，要学习的东西可以填满每一天，除了学校生活之外，作业、英语、数学、钢琴、跆拳道、游泳、电脑……要学习的东西实在是太多了。

被学习搞得很疲倦的孩子就会这样问：

“人们为什么必须要学习呢？为什么不休息一直在学习呢？”

有的孩子还会发牢骚：

“如果提前知道要学的东西有这么多，我就不出生了。这个世界上只要没有学习就可以生活得很有趣。”

大人们也是一样的。电脑、手机、音频播放器，每天都会有完全不同的全新的东西出现，会追加很多新的功能，于是大人们也很忙，每当为了适应、消化新事物感觉很累的时候，就会埋怨不断变化发展的科学技术：

“如果不再变化了就好了，为了跟上时代的步伐大脑已经晕晕乎乎的了，一直都是带着作业生活的心情啊。”

秀珍的妈妈50多岁了，虽然有手机但是只用它接打电话，手机里配备的其他功能对秀珍的妈妈来说是毫无用处的。虽然每天带着手机，但是不会发短信也不懂得接收短信，来了语音短信也听不见。由于一看那些就头疼说学不会，所以就放弃了。

秀珍跟我讲了某一天发生的事情：

“有一天我听见了客厅里妈妈的手机来短信的声音，所以跟妈妈说来短信了，把手机递给妈妈。妈妈把手机放到耳边说：‘你好，谁呀?’是不是特别搞笑？显得妈妈就像傻瓜一样，看上去年纪更大了。”

人们生活在这个世界中，就必须要理解自己所在的这个世界。如果不想错过世界的潮流，不想被世界疏远，就必须一辈子不停地学习。仅仅凭借在学校中学习的知识和技术生存是很困难的，所以就必须要成为一辈子都在学习的“学习人”，必须要关心新事物，随时做好学习的准备才行。

40多岁的仁淑这样说：

“一想起独自生活的妈妈就觉得可怜。由于不能经常去看她所以非常想念，虽然到了这个年纪可仍然非常想向妈妈撒娇，所以就给妈妈打电话了，但是有很多时候是失望的，因为妈妈总是一字不差地说同样的话，没有什么新的故事，就连说的顺序都是一样的。由于几十年间总是听同样的话，所以非常郁闷。有时候甚至想：稍微变换一下词语也行啊。可能是因为她没有几个朋友，总是待在家里才会这样的，被封闭在了自己的世界里。”

我们要学会敞开心扉，对某个物品、某些人以及世界上的万事万物。要去观察其他人在关心什么，他们如何生活着，关心一下自己周围的人和事。只有这样才不会与其他人之间的距离变大，才不会产生隔阂。必须要一直保持学习新事物的姿态，只有这样，生活才会充满活力，才会感到幸福。

如果想要这样，就必须从小开始形成学习的姿态，就必须养成学习的习惯。世界在不停变化着，如果想在这样的变化中发展下去，就必须要不停地学习。只有知道了学习的乐趣，人生才会是幸福的，因为总是会对新事物产生兴趣、产生追求。

每当看到上了年纪的老人们在老人亭或者是塔谷公园无聊地消磨时光，我就觉得有点不舒服。那些爷爷奶奶们如果年轻的时候能够养成学习的习惯，老年时就不会这样无聊了，应该会更加幸福。比如说，如果知道读书的乐趣，即使到了那样的年纪应该也不会无聊。

但是他们由于战争以及贫穷，没能感受到学习的乐趣。好像是把时代的包袱一直带到了老年，所以觉得很心痛，对他们觉得很抱歉。

哪怕只养成了学习的习惯，一辈子也可以幸福地生活了。因为总是可以一边接触新事物，一边让自己焕然一新，这样的快乐是非常巨大的。反正这个世界就是必须要一辈子不停地学习的世界，所以这样的快乐了解得越早，幸福的时间也就会越长，幸福就会越深。就这一点来看也一定要让孩子养成学习的习惯。

如果想让孩子养成学习的习惯应该怎样去做呢？

其实很简单。父母向孩子们展示自己一直在学习的模样就可以了。必须要让孩子们看到通过学习不断提升的自己，让孩子们看到因为学习不断变得幸福的自己的模样。

而且，必须要让孩子从细小的事件中也能感受到成就感，这就要在孩子可以完成的范围内寻找目标。

想一想孩子们刚刚学习走路的时候，如果在距离孩子一两步处张开手臂呼唤他，他就会一摇一摆地向我们走过来，可是如果欲望过大，让孩子从离自己 10 步远的地方走过来，孩子就会踯躅不前，甚至会哭泣。要把孩子稍微努力一下就能达到的目标标示出来，引导孩子学习。必须要让得 70 分的孩子在得 80 分的时候感受到快乐；必须要让孩子感受到解决了以前没能解决的问题时的成就感。把这样的经历一点一滴地积累起来，就能够感受到学习的快乐了。

感受到学习的快乐的孩子就像是动力十足的火车一样，懂得沿着自己的轨道行驶。即使父母不在一边照顾，也会自己充电，然后凭借着自己的力量前进。父母需要做的事情就是，不要妨碍孩子，只要为孩子营造学习的氛围就足够了。

但是，要想达到这样的结果就要像前面说的一样，必须要有父母的努力。只有这样，才会把孩子培养成在学习的同时可以感受到幸福的孩子。

V

请允许孩子“自作主张”

习惯于居高临下俯视孩子的妈妈们，

或许应该多想一想我们小的时候，

想想当我们还是小孩子的时候的愿望和梦想。

或许，我们应该试着放开手中的线，

让他们自己飞。

1. 给孩子充分的写作业的时间

如果不想让孩子讨厌写作业，就必须要给孩子充足的写作业的时间。

上学的时候，任何人都是带着作业生活的。一年级有一年级的作业，六年级有六年级的作业，作业是孩子们在自我成长的时期必须要解决的课题，是对孩子提出的一个要求，要求他们的解决能力必须达到某种程度。同时，作业是连接已经学过的内容以及将要学习的内容的桥梁，通过作业进行复习，也通过作业来实现预习。因此，可以说，作业是让学习通畅的润滑油。

孩子们在完成作业的过程中可以产生自信，养成解决问题的能力，会不断地思考能不能做得更好，于是就产生了创意力。在写作业的过程中还可以培养耐性和自我管理的能力。责任感也是在写作业的过程中培养起来的。作业对孩子们来说就是具有如此大的意义。

但是，父母在看着孩子写作业时，有很多时候会忍不住发火，因为他们觉得孩子看上去慢吞吞、磨磨蹭蹭、浮皮潦草。而且家长们还会有一种负担，觉得作业完成的情况应该让老师满意才行。他们觉得作业应该争分夺秒地做完，像英语、数学或者其他很多学科的作业都更应该如此，所以内心总是陷入焦虑状态。

也有一部分父母，没能战胜自己的焦虑，于是帮孩子完成作业。“如果这样做老师应该会说做得很好吧，对作业的评价也会很好吧。”一边这样想着一边送孩子去学校。

家长帮孩子完成假期作业的情况更多。所以临近开学的时候，父母们就开始东奔西走了——妈妈们奔走于各处进行现场学习，忙得不亦乐乎；到公司上班的“金部长”、“李科长”翻遍了所有的网络，搜索到有用的信息进行复制，有时候甚至还利用上班时间。为了孩子的作业动员起全家人，就像展开了一场大会战一样。某些情况下为了孩子的作业还要用到辅导学校，比如美术科目。

有时候的确会有一些不那么容易的作业，孩子一个人完成起来比较困难，或者即使大人觉得并不难，但是由于孩子们的水平各不相同，所以对于孩子来说，难度还是存在的。可是，如果因为这样父母就出面帮助孩子完成作业是不行的，作业是孩子的课题，孩子们必须要自己解决之后才能前进。你可以在旁边看着孩子写作业，也可以提供帮助，但是一定要记住不管什么时候作业都是孩子自己的责任。

不管是孩子还是父母往往都有一种负担，认为孩子的作业必须要写好，然而，实在应该从这种负担中解脱出来。不管是做得好还是不好，首先要培养的是独立完成作业的能力。“做好”是养成独立性之后的事情。虽然开始会有一些匆忙，有一些混乱，但是慢慢地就可以变好了。

在这件事情上，我始终认为，代替孩子写作业带来的危害要比大家想象中的大，这不仅是抢夺孩子学习机会的一种行为，而且还是无视孩子能力的一种行为；更有可能给孩子植入一种思想，那就是会让孩子认为应该自己负责的事情也是可以躲避或者无视的；也会出现一种结果，那就是父母教给孩子欺骗别人。在这样的影响下长大的孩子，今后有可能成为为了达到自己的目的毫不犹豫地采取不正当手段的人。

一旦孩子觉得可以把自己的事情交给他人来做，就会渐渐养成依赖他人的习惯，这将成为妨碍孩子成长的因素。这样的孩子即使在成为大人之后也很有可能会依赖自己的父母生活，他们会认为自己的父母可以为自己收拾烂摊子，可以帮自己解决困难，会把父母当做自己的后援队。即使在以后结了婚，成立了自己的家庭，也会继续向自己的父母索要生活费。实际上这样的“啃老族”并不少，然而这样的结果全是父母一手造成的。我认为，在孩子小的时候对孩子进行正确的作业指导就可以适当防止这样的现象。

那么应该怎样对孩子进行作业指导呢?

最重要的就是给孩子充足的时间去写作业，并且应该在让孩子安心的情况下完成作业。但是现在的孩子们在回家之前还要去恐怖的辅导学校，在写完学校布置的作业之后还要去见辅导学校的老师。有多少孩子在回家之前都要坐上在学校门口等着的各个辅导学校的校车，在各种各样的辅导学校之间来回穿梭，然后拖着疲倦的身体和大脑回家？如此一来根本就没有充足的时间完成学校的作业。在上床之前困得晕晕乎乎的时候写作业根本就不可能成为一件高兴的事情，作业会让孩子极度厌烦。如果不想让孩子讨厌写作业，就必须要给孩子充足的写作业的时间。

但是，由于写作业是家庭学习，所以就必须要有一种与学校学习截然不同的氛围。比起回到家之后立即就写作业，休息一会儿再写作业更有效果。而且，我认为即使让孩子去辅导学校，也最好是让孩子写完作业之后再去比较好。不管是什么辅导学校，布置的都是课外作业！课外作业就应该像字面意思一样，在写完学校的作业之后再做。

如果这样说，肯定会有人反问："哪有那样的时间啊？既要去英语辅导学校，又要去数学辅导学校，还要去跆拳道辅导学校，必须要在辅导学校规定的时间之内赶紧去。"

我认为对于"应该让孩子去多少个辅导学校"这一个问题是有答案的，无疑，应该减少孩子要去的辅导学校的数量，让孩子在写完学校的作业之后再去也可以，能够遵行这样的原则的，才是上辅导学校的合适的量。而且，现在学校的作业并不是很多，因为学校的老师们都知道，现在的孩子们要去很多辅导学校非常忙，所以不会给孩子布置很多的作业。

而且，为了把课外学习学好也必须首先完成学校的作业。只有把作业全部写完，内心才会变得轻松；只有内心没有了对于作业的负担，才会做好接受其他学习的准备，而且才可能会欢快地接受。

“辅导学校的课程结束之后回到家还要写学校的作业，还必须要写日记，但是辅导学校布置的作业应该什么时候写呢？不是又要推迟了吗？”被这样的想法压抑着的孩子不管做什么事情都不会快乐。作业会成为不得不做的负担，如此一来效率也不会提高。

今年上五年级的顺熙的妈妈说：“每天晚上都会因为作业跟孩子折腾一番。我总是问：为什么不能快一点儿呢？为什么到现在了都没完成呢？赶快去做！即使如此，孩子也是经常写作业写到晚上 12 点，也有很多时候写着写着作业就睡着了，所以每天早晨都乱套，仅仅是洗漱、吃早饭就已经很忙碌了，再加上还要写昨天晚上没有完成的作业。好不容易写完作业到了学校，但是还没有结束，总是会打电话说什么什么东西没有带，或者是把作业忘在了书桌上等等。其实孩子并不是因为贪玩而没写作业，而是由于太忙碌了而没能写好，但是我还是忍不住总责骂孩子。所以我就想应该要减少辅导学校的数量，把以前认为可能对孩子学校学习有帮助的一部分辅导学校排除，只剩下数学和英语。从这之后孩子就有了充足的写作业的时间，而且还可以非常轻松地完成，如此一来，学习成绩也有了提高，生活也变得有规律，非常有秩序，也产生了自主学习的力量，每天晚上也不会因为作业而吵架，现在真的是非常幸福。”

那么好吧，妈妈们，在责问孩子“为什么到现在还没有写作业”之前，先想一想有没有给孩子留下充足的写作业的时间。

2. 不要插手到孩子的朋友关系当中

孩子们其实很不喜欢大人干涉自己的事情，也不会再跟那些因为打架父母就找到学校来的孩子玩。

难道是嫌家里孩子少吗？现在的家长们都想插手到孩子的朋友关系当中，为此投入了过多的能量，态度也显得过于积极。既有为孩子举办夸张的生日宴会的，又有企图用钱为孩子“买朋友”的，也有在孩子之间发生了点儿摩擦的时候找到学校去的，还在学校里引起了轰动。但是这样做是不明智的，拿其中一点来说，钱无法帮孩子买到朋友，即使是刚上小学三年级的孩子也懂得炫富令人生厌：

“我们班的郑贤智一点儿都不好，新学期刚开始的时候，我还以为她很亲切呢，总说她妈妈给的钱多所以给我们买炒打糕吃，还经常带我们去文具店让我们挑选自己喜欢的东西。但是后来才知道，她是因为想在选举中获胜才这样做的，因为我们都投了她的票所以她成了副会长，可是选举结束之后她的本性就显露出来了，经常责骂其他同学，每天就知道炫耀自己家，真的是很可恶。”

孩子们其实很不喜欢大人干涉自己的事情，也不会再跟那些因为打架父母就找到学校来的孩子玩。

回到我小时候看一看就会发现也是一样的情况。那时候孩子们也是非常讨厌听到“我要告诉我爸爸妈妈”这样的话，因为害怕朋友的爸爸妈妈真的找到自己而整晚都不能安心睡觉。如果只是这样说说还好，孩子们吵架不会超过 3 天的，几天以后就会自动和好如初。但是如果对方的妈妈来责骂或者是找到老师让老师责骂其他的孩子，其他的孩子就不会再跟这个孩子玩了，大家都会认为这个孩子非常的危险。

本来可以很容易解决的事情，如果父母插手有时候会变得很复杂。

即使孩子跟朋友吵架之后哭着回家也没有必要太伤心，因为其他的孩子也有可能因为自己的孩子哭着跑回了家。别的孩子的妈妈可能也都在忍着，所以就可以当做什么都不知道让它过去好了。

虽然孩子们也可能会说再也不愿意相见、要绝交这样的话，但是第二天又会肩并着肩嘻嘻哈哈地一起上学去，这就是孩子。所以之前父母的干涉很有可能会导致自己变成傻瓜。不如就安静地等等看吧，不要把出现矛盾的责任归结到其他小朋友身上，在这个时候只要温暖孩子的心就可以了。诱导孩子站在对方的立场上想问题，“他是因为有那样的状况才会这么做的”，跟孩子说“由于你的做法他的心情很有可能也会不好”，用这样的话来消解孩子的怨气，帮助孩子想的更深远些。可以跟孩子进行讨论，提出自己的建议：“下次这样做怎么样呢？”帮助孩子为改善与朋友的关系而努力，去激励孩子。父母应该成为孩子的“苦恼咨询师”、“支持者”，而不是硬要成为孩子的“问题解决人”。

妈妈们要做的事情就是为孩子与朋友之间的亲密交往提供机会，如果孩子带朋友到家里来不要觉得麻烦，必须要给予欢迎，不要在心里想着：“不是学习的时间吗？来干什么？”或者是：“应该去辅导学校了。”不要怀着这样的想法而冷淡地对待孩子们，把孩子的朋友打发回家。如果家长对孩子的朋友非常欢迎，热情地对待他们，就会让孩子们觉得自己是非常重要的人，孩子们幼小的内心就会想："重要的人应该有怎样的行为呢?"如此一来就会自觉地变得彬彬有礼起来，也就不会有太多吵架的事发生了。

在我上小学五年级的时候，我与一个叫静琳的朋友大吵了一架，大概过了10天左右吧，静琳来找我：

"我妈妈说今天给你做好吃的，去我们家玩啊?"

我的心里很高兴，但是又有一些担心：

"不会是这样把我引诱过去，然后让静琳的妈妈责骂我吧?"

没有抵挡住"好吃的东西"的诱惑，我最终还是跟着静琳去了她家。出乎我意料的是，静琳的妈妈就像完全不知道我们两个吵架的事情一样招待了我。自己的独生女哭着跑回家，当妈妈的是不可能不知道的啊，但是对于那件事却只字未提，只是问："住在哪一个小区啊？有几个兄弟姐妹啊?"静琳的妈妈就是这样让我放下了紧张，还给我做了好吃的年糕。从静琳的家里出来，在回家的路上我不知道反省了多少遍，现在想起来，仍然觉得静琳的妈妈是一位非常伟大的人。

在生活中，人与人之间是不可能不吵架的，因为每个人的性格不同、想法不同，所以很有可能吵架。有这样一句话：孩子是在不断吵架的过程中长大的。所以不必期望孩子不吵架，孩子与朋友之间发生冲突，折腾来折腾去，分手、和好，他们就是在这样的过程中经历了社会生活，会在这之中体会到

“那样做就会吵架，所以不要那样做了”，或者是产生“在这样的时候这么做就可以解决问题”的诀窍。在不断的冲突以及分手的过程中会有所领悟，会锻炼出解决问题的能力。这样的经历在长大成人的历程中会成为一笔重要的财富。

俄国作家费奥多尔·米哈伊洛维奇·陀思妥耶夫斯基在小的时候，他的父亲怕他从身边的人们那里受到不好的影响，所以不让他与别人交往。正是因为这样，他长大成人之后也很难与别人融洽相处。所以并不是说只要不妨碍别人就一定是好事情，每个不同的年龄阶段都有应该要经历的问题，不要把孩子经历这些的机会抢走。要带着孩子是不断地在成长的想法用长远的眼光去看待问题，要用宽广的胸怀去对待问题。

当然，虽然说尽量不要去干涉孩子，但这也是有尺度的，标准就是“是否被孤立”。必须要留心观察自己的孩子是不是被同学孤立。

如果发现孩子可能成为被孤立的人，就必须要镇定地从寻找原因开始，一定要让孩子感觉到自己正在被爱。不要对孩子说“因为你那样所以才被别人孤立”，不要用这样的方式给孩子的伤口上撒盐。

而由于觉得孩子可怜就对孩子进行过分保护，反而会出现问题。曾经在报纸上看到过这样一则报道：一个孩子随身带着警卫员上学。问题得多么严重才会那样啊，虽然我很理解父母的心情，但是，我认为寻找让孩子可以自立的方法更重要。不应该让孩子与朋友们敌对，与其他人产生隔阂，应该尽量地去寻找可以让孩子与朋友们融洽相处的办法。所以对那些变得意志消沉的孩子要进行称赞与激励，让他们产生自信，在很多时候，恰恰是由于自信感不足而被别人孤立。

而且，作为孩子的父母，我们不能忽视的是我们自己的孩子也很有可能去孤立别人。为了对此进行预防以及阻止，也必须要关心孩子的交友关系。因为今天的施害者很有可能成为明天的被害者，而且，任何父母都不希望自己的孩子成为欺负别人的施害者。因为自己的孩子让别人家的孩子受伤，让别人的父母无法入睡，这样的事情只是想一想就觉得可怕！

3. 孩子有话就让他说吧，你只需要聆听

大人们希望孩子可以听话。但是，仔细想一想就会发现，要学会“听话”的人应该是大人们。

我们家的老大在寄宿学校上学，每当周六的时候才回家。于是每个周六，我都会忙着和老大说一些积攒了一周的话——学校生活、健康问题，要说的事情有很多，要问的事情也不少。而且当时因为正面临着她的升学问题，所以就连在餐桌上也会不停地谈论一些大学的问题。这让上小学四年级的老二生出了很多不满：

“只要姐姐回到家，每天就知道说高考怎么样，推荐情况如何，医大怎么样，工大又如何，总说这些话，我不喜欢听。”

每当这样的时候我们家的老大以及我们夫妇就会每人说一句话：

“你不知道姐姐现在说的是很重要的问题吗？你给我安静地待着。”

“对啊！你姐姐由于在宿舍住，所以没有一起说话的时间啊。”

“由于你姐姐现在是高中生，所以高考、大学是很重要的问题。有很多问题需要与爸爸妈妈讨论做决定。而且，你每天都跟爸爸妈妈在一起已经是充分地进行交流了。”

每当这时老二就会撅着嘴说：“我对这些问题没有什么关心，想说些别的话。”

“不是让你安静地待着吗！”可能由于老大受不了说话总是被打断，所以责骂了老二。但是，老二还总时不时地插进来说自己朋友的故事，或者是说一些她身边发生的事情。不管怎样也想多说一两句话，为了抓住说话的机会一直不停地眨巴眼睛。如果没有抓住发言的机会，就会问：“我说句话行吗？”我们迫不得已，只好说：“好吧。”然后她就会说：“哎呀，本来想好了要说的话，但是由于总是不让我说，我都忘记了。”或者是：“我朋友智贤……”这些和爸爸妈妈以及姐姐所说的毫无关系的话又会招来老大的呵斥。

那一天也是周六。像以前的周六一样，我们夫妇以及大女儿刚坐到餐桌前就忙着谈论学校生活、前途问题等等，忘记了在餐桌的另一角还坐着我们家的老二。坦率地说，我们其实是下定决心想要忘记她的存在，热情地谈论着与她无关的话题，都期望她今天能别插进来，安静地待在一边，所以都故意不往小女儿那边看。

不知道过了多久。小女儿突然举起了手！我们三个人继续说着我们热衷的话题，但是小女儿仍然没有放下举着的手。她现在是胳膊痒吗，还是怎么了？一边这样想着一边就问："你怎么了？"

"我也有要说的话。"

我们觉得因为有话要说就在餐桌上举手的小女儿非常可爱，也觉得非常有趣，所以笑了好长时间。

"这里是学校吗？怎么还举手呢？哈哈。"

但是笑了好长时间之后就开始反省了。她该是多么想说话，因为爸爸妈妈以及姐姐不给她说话的机会所以才举起手来了呀！我们3个人对于曾经对老二做的事感到后悔，对于因为觉得她小就不给她同等的发言权而感到羞愧。

孩子们有很多要说的话，对于很多事情都很好奇。出生没多长时间他们就开始努力地一点儿一点儿地了解这个世界，正是由于处在这样的时期，所以要问的话有很多，要说的话也有很多。但是我们做大人的有时候会阻止他们说话，很轻易地就会说出让他们老老实实地待着或者是让他们安静这样的话。

大人们希望孩子可以听话。但是，仔细想一想就会发现，要学会"听话"的人应该是大人们。必须要让孩子们说话，还要好好地倾听孩子说话，只有自己先好好地倾听孩子说话才会使得孩子听你的话，他们也才会懂得应该认真听别人说话，才会知道应该什么时候插话，才会懂得如何抓住发言的机会。

如果不让孩子们说他们想说的话，总是对他们说话进行阻挡，就会杀死孩子们渴望交流的嫩芽，孩子们就会变得消极，结果就是会压制孩子们自发性的、创造性的思考，最终成为

“没有想法的孩子”。不管是什么样的瞬间，不管是什么样的情况下，都必须要为孩子广开言路。必须要倾听孩子说的话，必须要诚实地回答孩子的问题。经常为孩子撒下说话的种子，要不断地提出一些问题，对孩子进行激励，让孩子产生想说话的欲望。总之，必须要尽可能地培养一个“话多的孩子”。

说话也就是对话，就是讨论。孩子们在说话的同时会产生凭借自己的力量进行思考、进行讨论的能力，也会产生整合自己想法的智慧。在可以尽情说话的环境下长大的孩子会显露出机智和幽默，会让身边的人也感到非常的幸福。

但是我们做父母的经常会说“老实地待着”，“安静点儿”，“别说话”，总是阻止他们，不给孩子播撒说话的种子，总是让孩子“一板一眼地说话”，会让孩子觉得说话是一件很烦的事情。

为什么会那样呢？会不会是因为懒惰或者是自私才导致这样的事情发生呢？觉得听取别人的意见、相互之间进行交流的过程非常复杂，因为不能随心所欲而烦躁。而且，不让别人说话有时候体现出的是想要管理并支配的心理。所以这样的人很有可能会成为独裁者，会强调服从。但是孩子们并不是管理的对象，也不是独裁的对象。

在培养孩子的过程中，作为父母而具有的责任感以及各种压力可能会使我们在不知不觉中成为独裁者。如果不想变成独裁者，必须要随时审视自己，时常在心里问问自己：我现在是不是想要管理孩子？对孩子来说现在是不是在实行独裁统治？

如果让孩子自由地说话，有很多的问题就会自然而然地得到解决，不会再出现家人之间由于对话不足而产生的误会。而且如果让孩子自由说话，孩子自然而然就会增强探讨与沟通的能力。如果在孩子的内心撒上说话的种子，帮助孩子，激励孩子，那么孩子就会快乐地成长起来。

给孩子播撒说话的种子并不是一件困难的事情。用“……怎么样”这样的方式，提出一些答案不确定的问题就是开始。用一个简单的问题让孩子展开自己的思路，就会与孩子之间形成对话，展开讨论。

4. 每天让孩子当30分钟老师

从前，当听到“孩子们是为了教导父母而下落到人间的天使”这句话的时候，想到的仅仅是纯真、明朗、童心这样的词语。但是让孩子成为自己的老师之后，就知道其实远远不止这些。

孩子们总是在不停地学习，总是处在当学生的立场上。当然，学习到新东西的时候孩子们是可以感受到巨大的快乐的，但是，附加产品是，由此产生的压力也很大。而且，如果总是处于学习的立场，就很有可能变得消极、被动。

那么如何才能站在孩子的角度对他们给予理解和抚慰，怎样做才能让孩子变得主动呢？我进行了很多思考。最终的答案是，大人们应该进行逆向思维，让总是处于学习立场、一直在做学生的孩子变成老师。

“妈妈小时候没能学钢琴，除了7个音符之外，别的都不会弹，妈妈也想帅气地弹钢琴呢。家里有钢琴又怎么样？从来没坐下弹过，每天就是打扫卫生。你能不能教妈妈弹钢琴呢?”

瞬间就能看到孩子对不能弹钢琴的可怜的妈妈展示出的同情，又因为觉得自己比妈妈多了会弹钢琴的本领，所以显露出非常高兴的样子。

“那从今天开始我每天给妈妈上30分钟的钢琴课。”孩子就像是已经成为钢琴老师了一样，挺直了脖子这样说。

可能跟着孩子学习了几天之后就会发现，孩子其实没有什么教给别人本领的方法，而且可能没过几天就开始马虎了。但是给孩子这样的机会是非常有必要的，因为他已经从中有了收获。

在让孩子当老师的过程中，很可能就会产生“角色扮演”的效果。孩子很自然地站在了老师的立场上，同时也站在了父母的立场上，就会明白教别人并不是一件简单的事情。而且也会对教得好或者不好之间存在的差异进行思考，会想到自己的表达能力是不是不够强，就会为了做得更好而努力；也会明白教自己的老师和父母所面临的种种问题，于是就会对他们产生感谢之心，就会觉得学习是一件非常珍贵的事情。如果让孩子站在教别人的立场上，哪怕只有一小会儿，也会让孩子身体中潜藏的“无力感”有所消解——这种无力感正来自孩子身边那些看似博学多闻又永远正确的大人们。做大人们的老师，会成为让孩子发现自己内心潜在力量的重要机会。

不仅是孩子，这样变换下立场对父母也会有所帮助。父母们总是认为孩子必须要无条件地做好，做好是理所当然的事情。把孩子送到辅导学校了为什么不认真学习呢？有时候就会觉得很气人。但是如果自己站在学习的立场上看一看，就会感受到学习真的并不是一件简单的事情。

站在总是要不停地学习的孩子的立场上，本身就是一个不错的经历。与孩子交换过立场的父母，对待孩子也会变得宽容。

而且，对于父母来说，这样的经历也是通过孩子学习新技能的机会。不管是了解手机或者电脑的新功能，还是钢琴、折纸，孩子的适应能力和学习能力都比大人们强，知道的也比大人们多很多。

"我家宝贝折纸折得真好！"

"要我教您吗？"

并不一定是大人提出要孩子教自己，孩子有可能会先有这样的要求。可能是因为他们自己总是在学习，所以孩子就会产生要教给别人什么的欲望。每当这样的时候不要觉得孩子的技能没什么了不起，一定要满足孩子的要求。

有时候孩子会想教给大人一些在我们看来很不合情理的事情，有时候会想要教一些突然想起的事情，或者是根本就没做好准备的事情。

我们家的老二随时都会要求教我做"伸展运动"。我因为总是在忙，而且觉得很麻烦，所以经常拒绝："妈妈现在很忙"，"因为爸爸现在要看报纸，所以以后再做"，我总是用这样的方式躲避，其实内心的想法是："你能教什么？我能学到什么？"每当这个时候孩子就会撅着嘴说："我能把伸展运动教得很好。"看到孩子这个表情，我的心里还是有些内疚的。

虽然每次都会遭到拒绝，但是孩子并没有放弃。她给家人分发了“伸展运动练习会员券”，换上运动装，把头发扎起来，甚至还化了点儿妆等着。这太让人同情了，所以我们不得不做，于是就跟着她学了一次。出乎意料的是，并非以前所想的那样，孩子教得非常好。

“膝盖不要弯曲，像我一样伸直。把头抬起来，这样腿下面的肌肉就会舒展开来，非常舒服。伸直，是不是已经感到非常舒服了？”

孩子装作运动专家的样子也很可爱。当然在真正的运动专家看来这可能是非常蹩脚的授课内容，但是跟着做二三十分钟绝对比不做要好，有时候还觉得腿肚子有些许的收缩呢。

现在我们家的老大还没有参与到妹妹伸展运动的授课中来。虽然没有明着说，眼神里表达出的意思我们都懂：“你，在跟我开玩笑吗？”但是只要老二一召唤，我们夫妇两个肯定就会参加，有时候还会先提出来：“今天觉得身体有些不舒服，要不要教我做身体舒展运动啊？”

虽然孩子本来很疲倦了，但是一听到这个马上就会重新生机焕发，会非常认真努力地教我们。有时候为了报答孩子的诚意就故意问孩子：

“伸直双腿的时候也要把头抬起来吗？”

“叉开腿的时候手要怎么放呢？”

这样的话孩子会更加高兴，更加努力地教课。

这样的活动并没有仅仅停留在伸展运动上。由于我称赞她“衣服搭配得不错”，所以从那以后，每当我要出门的时候她就会变身成服装搭配师，精心帮我挑选衣服。

有一次她收拾完自己的房间，我夸奖她：“我们家的英儿很有室内装修师的感觉啊！”所以她现在非常热衷于装饰我们的家。有时候因为变了氛围感觉还真不错，但是更多时候会让家里变得乱七八糟。这时候就想，这就是养育孩子的幸福啊。等再稍微长大一点儿，即使你让她做，她恐怕也不做了呢。这样想着，即使家里看起来很凌乱，也还是觉得很享受。

从前，当听到“孩子们是为了教导父母而下落到人间的天使”这句话的时候，想到的仅仅是纯真、明朗、童心这样的词语，但是让孩子成为自己的老师之后，就知道其实远远不止这些。从孩子那里受到的教育和启发是无止境的，我们已经学到了很多东西，还有许多许多将要在未来学习。

5. 日记是孩子的固有领土

在孩子写日记的时候，不管是时间，还是语法，又或者是内容，父母都不要进行干涉，全部交给孩子自己来处理就可以了。让日记成为孩子的固有领土。

每天，每户人家的家长和孩子都会因为日记而产生不少的纷争——今天写些什么呢？这也叫日记吗？到现在了都还没写都干了些什么？现在这是拖了多长时间了还没写完，就不能快点儿吗？诸如此类。

上初中一年级的正贤说：

“上了初中就不用再让我们写日记了，真是太好了。我上小学的时候最讨厌的事情就是写日记，虽然非常不想写，但是如果不写到学校去会被老师责骂，所以每天晚上妈妈都会催促我写日记。我要写学校的作业，还要写辅导学校的作业，于是经常把写日记放到最后，妈妈就会说我写的晚了，为什么不能快点儿写，总是责骂我。有很多时候没能写完就睡着了，那样的晚上睡觉也睡不安稳，因为总是担心日记没有写好。但是，上了初中之后就不用写日记了，真的是非常非常幸福。当然上了中学之后要学的东西有很多，每个科目都有不同的老师负责所以作业也非常多，比上小学的时候要多很多，学习的内容也比小学难很多，但是不管怎么说都要比写日记好呀。日记里根本就没有什么可写的，想起每天必须要写日记的时候的痛苦，现在真的算是解放了，解放啊！”

从他的话里我们就可以知道写日记带给孩子的是多么大的负担。

但是小学生们又不能不写日记。小学时期是以听、说、读、写 4 种能力的训练为中心熟悉母语的过程，必须要 4 种能力并行学习，才能实现语言的均衡、综合发展。当然写的能力也可以通过其他途径或者在课程中进行培养，但是，通过每天写日记来进行训练是最有效果的。可孩子们却非常讨厌写日记，因为总是从中感受到负担。

那么应该怎样对孩子进行日记指导呢？怎样才能减少孩子的负担？又怎样才能通过写日记提高孩子的写作能力呢？如果仔细观察一下家中发生的纷争，就能从中找出答案。

还是我们家的老大上小学的时候，我非常讨厌孩子每天晚上写日记写到很晚，所以一回到家就让孩子开始写日记。

“现在就让我开始写日记？不是应该过一会儿再写吗？”

“写学校里发生的事情不就行了吗？”

“现在还没有可以写的事情，再过一会儿再写吧。再过一会儿说不定就有话题了。”

“再过几个小时就能发生什么特别的事情吗？如果现在就完成以后不就很轻松了吗？如果真的没有什么可以写，妈妈给你定一个题目啊？”

“妈妈，你就再忍一忍吧。不是说只有在生活的过程中有所感受才能写日记的吗？现在还处于生活的过程中，所以再等一会儿就会有所感受了。”

我就这样被孩子“将了一军”。

我们做妈妈的总是给孩子规定好写日记的时间，“因为已经做完学习纸上的问题了，所以现在就开始写日记吧”。我们会这样发出指令，就像是在餐厅订餐一样。而且，如果孩子不马上按照自己说的去做，就会训斥他们。但是，日记并不是像餐厅中的食物一样，不管什么时候预定都能做出来。由于写日记是精神领域的工作，所以一定会有想写的时候和不想写的时候，而且只有在想写的时候写出来的才会是好作品。

如果可以，妈妈要尽可能地不去规定孩子写日记的时间。要等着孩子自己准备好写日记，否则即使拿着日记本，文字也不会像面条机里的面条一样倾泻而出。脑海中必须有脉络，把线团解开，浮现出情景，找到可以对此进行表达的话语，要经历这样复杂的过程才能形成文章。虽然是每天都要写的日记，但是孩子同样需要经历作家在创作过程中经历的压力，所以不要催促孩子，要给孩子充足的时间。

可现实是，由于现在的孩子有过多的课外作业，所以并没有太多的时间用在写日记上，而且父母也不希望孩子在日记上投入过多的时间，希望孩子可以尽快完成，然后把时间用在学习英语或者是数学上。这样一来就不单纯是创作上的困难了，现在连时间都非常紧迫，所以对孩子来说就是一种巨大的压力。按照职业风险来看，记者的生命短暂，这是由于他们总是需要不停地写文章，而且时间总是非常紧迫，所以要承受非常大的压力，继而造成这样的结果。让现在还没有完全成长起来的孩子经历记者的“苦难”，这是不行的。

秀敏平时写字非常好看，而且语法也非常正确，但是要是看她的日记本，就会发现字迹十分潦草，而且还有很多缀字错误，有时候忘记写助词，有时候漏掉连词。秀敏的妈妈每当看到秀敏的日记本的时候就有很多不满：

“现在都已经上四年级了，怎么还会出现缀字错误呢？根本就不能区分基本的词尾，而且这叫什么字体呀，完全没法看。其他功课都不会这样，为什么写日记的时候就会出现这样的问题呢？字像是都要飞起来了一样，后边有人追赶吗？”

“妈妈，写日记的时候是会稍微字迹潦草些或者是出现点儿错别字，就不要多说什么了。在思考内容的时候，脑海中会想到很多的东西，写日记的时候抓住想法是最重要的了，要是不这样就会错过很多灵感。所以在写日记的时候出现一些错误就不要多说了，反正我在其他的地方也不会这样的。”

“但是，还是写得工整一些更好。”

虽然大人们觉得写日记没有什么大不了的，但是日记也分明是一种创作。如果不理解创作那一瞬间的紧迫感以及热情是不行的。就像是秀敏说的字体、漏掉的字、缀字法等在创作的瞬间并不是那么重要的，这些留到以后再进行改正也是可以的。在创作的时候把握住创作流是重要的，一定要把握住文章的脉络。所以在写日记的时候，不要过于注重语法错误，必须要放开孩子，让孩子可以沉浸于创作的热潮中。

上小学二年级的贤智偶尔会因为日记的内容被妈妈训斥：

“把爸爸妈妈训斥别人的话以及夫妻吵架这样的内容都明明白白地写到日记里怎么能行呢？老师会怎么看待爸爸妈妈？不是应该学会区分什么样的话应该写什么样的话不应该写吗？你怎么连这样的能力都没有呢？”

每当这样的时候贤智就觉得非常混乱。因为学校的老师总是说诚实地写日记是最重要的，说那是最好的文章。虽然写一些与家庭有关的事情会稍微有一些丢脸，但是不希望妈妈对日记的内容进行干涉，这与审查的行为是同等的。而且对孩子日记的内容进行指责会践踏孩子写文章的热情，就像掐掉新枝的嫩芽，会妨碍孩子的认知，是一种阻挡孩子走在写作道路上的行为。

在孩子写日记的时候，不管是时间，还是语法，又或者是内容，父母都不要进行干涉，全部交给孩子自己来处理就可以了。让日记成为孩子的固有领土。让日记成为孩子可以尽情嬉闹的游乐场，并保障其独立性。只要做到这些就能很大程度上减轻孩子在写日记这件事上感受到的压力，而且孩子写出的文章质量也会有明显提高。

6. 某些时候，垃圾食品也会成为“补药”

就像大人们交朋友的时候，会与朋友一起喝茶或者是喝酒一样，对孩子们来说，“吃零食”也是一种社交，好像也是一种社交方法。孩子们在吃着巧克力的时候交朋友，在吃着“垃圾食品”的时候积累友情，一起分享吃东西的快乐。

有一些孩子，想吃冰激凌的时候需要获得父母同意，也有一些孩子不能自己买冰激凌吃。

“我妈妈不让我在超市买东西吃，必须要吃妈妈买好放在家里的，可是我想自己拿着钱去买。”

有很多妈妈不喜欢孩子为了买零食吃而在商店里进进出出，所以把孩子的零食买好放在家里，但是孩子们却喜欢自己直接拿着钱去买。

妈妈们对零食的印象并不是很好，而且考虑到健康以及卫生方面更是如此。

“我妈妈不让我吃糖块以及小甜饼之类的东西，说糖块对身体不好，小甜饼之类的饼干是油炸食品，所以也对身体不好。妈妈只让我吃家里做的，比如蒸土豆或者是红薯之类的，而且还总是让我喝水、果汁之类的饮品。我的妈妈真是健康妈妈，健康妈妈啊！虽然我也喜欢土豆、红薯或者水果这样的健康食品，但是我也想吃饼干。如果我跟妈妈说特别特别想吃饼干，你知道我妈妈会怎么做吗？就会给我买无糖饼干或者是压缩饼干，但是那样的饼干真的是没有味道，一点儿都不好吃。

所以，我特别想吃的时候，就在放学回家的路上买了，然后藏在房间里偷偷地吃。但是上次被妈妈抓了个正着，狠狠地训斥了我一顿。所以，最近都是在外边买了吃完之后再回家。”

做父母的总是首先考虑孩子的健康，所以总是希望给孩子吃一些健康食品，而且零食里面对身体不利的种类真的有很多。

“学校前面的文具店里也会卖一些不健康的食品，类似于泡面、星星糖之类的东西。如果我吃这样的东西就会被妈妈狠狠地批评。但是，我也想吃那样的不健康食品。你不知道有多么便宜呢，大体上都在 100 韩元左右，就算是贵的也只有 300 韩元左右，现在超市里根本就没有这么便宜的。哪怕身上只有 1000 韩元也可以请朋友们大吃一顿，真的感觉特别好。而且，你不知道它们的包装纸以及公司名字多么搞笑，因为都非常土气，所以才搞笑。虽然妈妈说吃那样的食物容易肚子疼，她还会暴跳如雷，但是我偶尔也会买着吃，结果吃完之后肚子并不疼。不是说爸爸妈妈也是吃那样的东西长大的吗？真不知道为什么就是不让我吃。爸爸妈妈虽然吃了那样的东西，但是到现在为止不是仍然健康地生活着吗？”

孩子们身边总是充满了各种各样的不健康食品。看一看上面标注的添加剂或者是制造公司的名称，以及低劣的包装就根本不想让孩子吃。可是孩子们却很想吃，即便家里有相比起来高级得多的食品，但是孩子们还是喜欢吃这样不健康的。

为什么会这样呢？分析一下，买不健康的食品吃，对孩子们来说可能是非常有趣的事情，好像总会有那么一次，被充满着乡土气息、土气而又低劣的东西所吸引。而且，由于大人们不让吃，所以对他们就更有吸引力。

仔细回想一下就会发现，做父母的人们在他们的孩子这样的年纪也是非常喜欢吃这样的食品的。当然在那时没有什么其他的可以吃的零食，所以才吃这样的不健康食品。但是，当时他们的父母们也会斥责说，“为什么要买一些对身体不好的食品来呢”，同样不让孩子吃，可是孩子们也是非要买来吃。

不管是以前的孩子们还是现在的孩子们，好像都非常想尝试一下大人们不让做的事情。这既是好奇心的表现，也是孩子想要从父母的怀抱中摆脱出来，自己一步一步向前发展的一种要求。为了尊重孩子们的这种要求，我们应该宽容地对待这样的情况。

妈妈们可能会反问，孩子吃了对身体不好的食品，一些不利于身体健康的东西进入了孩子的身体里，做妈妈的怎么能安安静静地待着什么都不做呢？其实没有必要过于担心。过了这段时间之后，即使你让孩子继续买着吃，他们也不会再吃了，因为口味会自动升级，所以就不会再继续吃这样的食物了。由于只是偶尔一次而已，所以没有必要做出过激的反应。而且如果无条件禁止，反而会让孩子更加执著。

吃一两次“垃圾食品”也不会发生什么大的问题，如果与大人们吸烟或者是喝酒引起的问题进行比较，就会发现这样的危害只不过是非常微小的。所以就带着“孩子吃得高兴，‘垃圾食品’也会成为补药”这样的想法，对孩子的行为睁一只眼闭一只眼吧。

上小学六年级的罗莉总是被负担感折磨：

“妈妈只给我一些必须要用的钱，仅仅是购买书本、准备学习用品的钱，所以总是吃别人的。偶尔会和其他小朋友一起吃一些类似于炒打糕、米肠之类的东西，但是我从来都没能给别人买过，因为我没有钱。妈妈说如果我有钱肯定会买一些对身体不好的东西吃，所以就不给我钱。虽然每次吃别人给我买的这些东西的时候觉得很好吃，但是大家分手回家后心里就很不舒服。因为我也应该买给别人吃的，就是因为总是带着这样的想法，所以心里才会不舒服。有时候还会担心，同学们会不会觉得我是总蹭别人东西吃的孩子呢？”

就像大人们交朋友的时候，会与朋友一起喝茶或者是喝酒一样，对孩子们来说，“吃零食”也是一种社交，好像也是一种社交方法。孩子们在吃着巧克力的时候交朋友，在吃着“垃圾食品”的时候积累友情，一起分享吃东西的快乐。

所以，对孩子们来说吃零食并不仅仅是一种单纯的“吃”的行为，而是生活过程中某种需求的体现。如果大人们只从自己的立场上进行阻止，认为是对孩子的一种保护，殊不知这样的想法反而会让问题变得很复杂，因为很有可能侵害到孩子的幸福。

7. 小孩子也需要独处的时间

孩子们不是总聚集在一起的虫子或者蚂蚁，认为他们应该闹哄哄地成群结队是大人们的一种偏见；认为他们应该总是跟某个人或者是某些人一起才是正常的，这也是一种误会。一个人读书、听音乐、画画、沉思的孩子是健康的孩子。

自己的孩子与同龄的其他孩子们是不是相处得很好是父母们主要关心的事情，见到学校的老师，永远不会漏掉的一个问题就是：“我们家的孩子与其他的孩子是不是相处得很好啊?”不管是在幼儿园还是在学校，如果看到孩子一个人，父母就会觉得不安。

“为什么一个人待着呢？会不会是被别人孤立了呢？很有可能适应社会的能力不够啊。等长大了步入社会生活，这种状况就有可能会很累，很有可能成为一个不能适应社会的人，说不定还会被解雇呢……或许不是单纯的适应社会的能力不够，很可能会像电视上看到的那个孩子一样得自闭症。那个孩子的妈妈开始的时候也没觉得一个人待着有什么不好……所以必须留心观察。”

父母的担心永远没有尽头。

在家里也是一样。只要不是在学习的时候，妈妈们绝对不会让自己的孩子一个人待着。看到孩子一个人待着就会不放心，会问孩子在干什么，为什么一个人待着呢，然后插足进去对孩子不停盘问。不是催促孩子出去跟朋友们一起玩，就是让孩子带朋友到家里来玩，有时候还会自己亲自把孩子的朋友叫到家里来玩。会询问孩子有什么问题，想要对孩子提供帮助。其实孩子们只不过是想一个人待会儿，没有任何问题，但是父母们却非常着急。

孩子们不是总聚集在一起的虫子或者蚂蚁，认为他们应该闹哄哄地成群结队是大人们的一种偏见；认为他们应该总是跟某个人或者是某些人一起才是正常的，这也是一种误会。一个人读书、听音乐、画画、沉思的孩子是健康的孩子。有时候一个人待着才能够找到更好的解决问题的方案，独立性以及自立心也是一个人待着的时候成长起来的。

有时候会觉得孩子比大人更需要一个人待着的时间。每天都在快速地成长，需要学习很多东西，因此，孩子们偶尔也需要躲开，需要有自己一个人独处的时间。不能让孩子总是没有任何想法地跟从，不能总是牵着孩子走，应该要让孩子一边思考一边做出自己的选择。

对于自己一点点认知的这个世界上的万事万物，需要有一个消化的时间，需要有自己按照自己的想法去理解和整理的时间，之后再重新回到世界的队列中，这比一直在队列中忙忙碌碌来得踏实。孩子需要为自己的内心补充能量，今后向前发展所需要的推动力、进取力就是来自于这里。

孩子们通过自己一个人待着的时间成长起来。不能一个人待着的孩子，即使年龄增长了也不能变得成熟。由于不能经受没有朋友的状态，所以有很多孩子成群结伙地浪费掉了学生时代。这样的孩子就是没能拥有可以让自己的内心成熟起来的时间。

但是并不是任何人都可以一个人待着。一个人待着并不是一件很简单的事情，也是需要学习，需要熟练的。

为了可以一个人待着，从小养成读书的习惯是很好的。读书并不是朋友们一起吵吵闹闹地读，而是需要一个人去读。所以培养读书习惯的过程就可以当做是练习独处的机会，渐渐地就会获得可以一个人待着的力量。一个人享受自己的感情，一个人培养自己的想法，一个人展开想象的翅膀，享受到寂静平和的时间。

为了让孩子学会独处，就必须要为孩子提供可以一个人待着的时间和空间。不能对正陷入沉思的孩子说“不要想一些没用的，赶紧起来写作业”这样的话，打碎孩子的思想是不可以的。必须要给孩子提供可以沉浸在自己的世界里尽情思考的机会。孩子的个性也是通过一个人待着的时间培养起来的。

尝试过一个人待着的孩子也能够懂得朋友的珍贵，就不会随意地对待朋友。总是跟朋友在一起的孩子就像是不知道空气的珍贵一样，很有可能不懂得朋友有多重要。

还有一件事情就是，并不是所有的人都需要有很好的社交才能。既有与别人相处得如鱼得水的人，也有非常喜欢一个人待着的人。在伟大的艺术家或者是科学家中，就有很多不善于社交的人，没有必要必须具有高超的社交技巧。很多具有创造性的作品也经常是在一个人待着的时候实现的，所以有这样一句话：只有懂得享受孤独，懂得经受孤单，才会创作出伟大的作品。篮球选手迈克尔·乔丹、电脑软件皇帝比尔·盖茨、三星集团的李健熙董事长等等这些可以撼动世界的人物，其实也是性格非常内向的人。

而且总能与别人很好地相处的孩子也并不一定就是好孩子。有很多孩子害怕一个人待着，所以无论如何也要交到朋友，不是跟这个朋友黏在一起，就是跟那个朋友黏在一起。虽然年纪很小但是也懂得耍花样，也懂得使用离间计，由于恐惧没有朋友的状态所以总是忙于拉帮结伙。那样的孩子在大人们看来可能会觉得是社交能力非常强的孩子。那种只要几个人聚到一起就拉帮结伙的成人文化，大多也是由于小的时候父母过于强调孩子的社交才能而出现的结果。

必须要改变单纯用“社交才能”这个标准来对孩子进行判断的状况，哪怕是为了那些只要一个人待着就变得不安的孩子我们也应该要这么做；为了培养善于独处的孩子，以及为了孩子的自立也必须要这么做。

在脑海中、在内心里，在某个时段拥有只属于自己一个人的空间的孩子是有潜力的孩子，说不定在他们的内心深处艺术家的魂正在成长，也说不定在他们的脑海中科学家的嫩芽正在破土而出。任何人都不希望那些拥有无限潜能的艺术家或科学家把时间浪费在与其他人无谓的交流上，不希望他们把创作作品或者进行研究的时间用在社交或者是政治上。

从这样的方面来看也必须要让孩子从小就拥有可以一个人独处的时间，培养孩子可以一个人独处的力量。并不是说非要让孩子成为科学家或者是艺术家，而是要让孩子成为即使一个人待着也仍然可以活得潇洒自在的人，成为一个不管是在什么地方都能进行创造性的思考，都具有丰富的想象力的人。

8. 在幽默中长大的孩子

家庭是为不断长大的孩子培养幽默感的地方，所以家人们应该做好准备接受孩子们仍然生疏的、还处于试验阶段的幽默，不管什么时候都必须要做好准备放声大笑，愉快地笑倒在地。

一觉醒来又迎来了全新的一天，我们又开始重复刷牙、洗脸、上学、上班这样的生活。虽然这种持续的规律可以给人一种安定感，但同时也难免会让人觉得无聊。还不仅仅是无聊，生活中有时候还会来一场像海啸一样的灾难，也会遇到与朋友闹别扭伤心，像是被荆棘刺到了似的这样的小折磨。

克服生活中的无聊以及各种困难是所有人的目标，我们都在寻找能让自己过得好的方法。其实很简单，我们可能只需要——幽默感。幽默的生活态度可以让所有的不快消失殆尽，是的，幽默的力量就是如此之大。

有一个男人，因为飓风失去了家人以及所有的财产，甚至还失去了自己的双臂。他曾经说过这样的话：“我还有两只脚，所以我还可以继续生活。我想去的地方，不管是哪里都可以到达。难道不是吗？”他一边这样说着一边露出了雪白的牙齿，含着眼泪微笑着。他用自己向我们证明了幽默可以改变劳碌而疲倦的人生。

幽默是从打破传统开始的。在幽默中有轻轻击起水波然后飞向天空的鸟儿的轻快。幽默是一种探索的姿态，幽默也是对于人生无穷无尽的爱的表现。

但是幽默感并不是轻而易举就可以获得的，这是必须进行努力之后才能获得的能力。然而与其他很多能力一样，幽默感也是通过父母学到的，是在父母的帮助下培养起来的。

我们的孩子们所生活的21世纪是一个不可预知的时代，它变化无常，躁动不安。我们的孩子不知道什么时候就会陷落到苦海中，不知道什么时候就会遇到失败。是的，他们就生活在这样的一个人人都可能遭遇失败的时代。

这样的时候，失败本身并不是什么问题。问题在于失败后能否重新站起来。无数次地跌倒但是仍然能够重新站起来的人就会成为具有竞争力的人，而像不倒翁一样可以重新站起来的力量以及韧性就是来自于幽默。因为幽默具有可以转换局面的能力和打开新局面的力量；幽默可以带给人“我没关系，我可以再次成功”的淡定以及可以从头再来的轻松。所以如果用幽默来武装自己，即使面临巨大的困难也可以克服。

幽默的力量并不是只有从完全长大的成人身上才能散发出来，所以没有必要等着长大之后再去幽默。还没有长大的孩子们的生活，现在已经开始因为幽默感而发生改变了。

在有幽默感的父母怀抱中长大的孩子总是会想去构思幽默，当然很容易失败，也有很多时候以冷幽默结尾。虽然是以失败结尾，但是孩子以及家人们都会发出笑声。有时候失败的幽默更有意思，因为那样的幽默本身就可以成为活力素以及润滑油。

懂得幽默的孩子自己创造生活的力量也是强大的。因为所谓的幽默是瞬间捕捉的结果，是在主导自己生活的时候发生的一种行为。

懂得幽默的孩子会自发地去寻找一些搞笑的事情，自己给自己的肺输入一些氧气，而且还可以对某些事例进行再创作编写出全新的剧本，所以他们的创造力以及思考力就会增强。就像前边所说的那样，幽默是在美中突破的，因为实现了突破，所以不仅可以把握潮流，而且还可以更加前进一步。

懂得幽默的孩子性格非常好，而且朋友关系也非常好。即使是在非常累、非常困难的时候，幽默也可以找到让人喘气的洞口，帮助人们从困难中摆脱出来。用幽默让人发出笑声，打开内心的门，让对方解除武装。而且自己在一起笑的同时也可以用宽广的心胸来对待他人，所以问题就能够很容易地得到解决。

家庭是为不断长大的孩子培养幽默感的地方，所以家人们应该做好准备接受孩子们仍然生疏的、还处于试验阶段的幽默，不管什么时候都必须要做好准备放声大笑，愉快地笑倒在地。不能对孩子的幽默面无表情，或者非要在这个时候树立权威，这样给孩子泼冷水是不行的，要为孩子做铺垫，让孩子不管什么时候都能随心所欲地幽默一把。要帮助孩子提高幽默的能力，还可以用“我们家的宝贝虽然不怎么吃饭，但是幽默感还是不错的啊”这样的方式对孩子进行称赞和激励。

我们家的老二对服装非常有兴趣，看到电视上出现的人物，不是关注他们说的话或者是姿态，而是更关注他们的穿着。在家里玩的时候，也是把这样那样的衣服搭配起来穿，经常花很多时间尝试不同的穿着风格，有时候还会把那些因为小了而没法再穿的衣服用剪刀剪掉，自己制作出新的服装来。所以如果我有旧衣服就交给孩子，让她制作衣服。即使如此，孩子偶尔还是会有过分的欲望。比如，由于有了新的想法，就问我可不可以把现在还可以穿的衣服剪掉。被拒绝了几次之后，有一天她又拿着衣服出来了：

“妈妈，我要把这件衣服剪掉（到这里是孩子的声音）。剪吧，英儿啊（到这儿是模仿妈妈的声音）。”

她为了扭转局面更换了战略，不给妈妈留下反对的空隙，直接自己构思了一种情景。

当然可以说："那件衣服不可以！"或者说："好好请求我！"但是在那样的情况下失去的要比一件旧衣服要多很多。不仅践踏了孩子幽默感的嫩芽，而且还会出现对孩子恳切的要求置之不理的结果。

"自己在那儿又敲锣又打鼓的。真是无法阻挡啊。"

就像是非常喜欢孩子的幽默一样，隐隐约约地对孩子的幽默进行称赞，用这样的方式来结尾。因为虽然现在还可以穿，但是我觉得它的价值不足以让我剪掉孩子正在生长的幽默的嫩芽。

9. 让孩子参加多种多样的课外活动

现在的孩子就像是温室里的花草一样，虽然吸收了很多营养成分，但是缺乏外边的新鲜空气。课外活动是可以吸收外边空气的一个机会。孩子也像植物一样，只有吸收到外边的空气才会变得更强壮，才会有韧性，才会变得更聪明！

现在的世界，只要你想，就可以参加到多种多样的课外活动中去。学校里或者是百货商店的文化中心，都有各种活动任你选择，方便得就像是设置在各个地区福利院里的自助餐厅菜单一样。不仅活动多种多样，价格也非常低廉。这么一看，突然觉得在这个世界上生活真不错。

我们应该承认世界在进步和发展这样一个事实。常常，因为每天有很多头疼的事、让人痛苦的事、让人不满的事，就会觉得这世界并不是一个好的生存环境。但是现在只要支付一点点儿钱就可以享受到非常优质的服务，这难道不是一个美好的世界吗！

但是仍然有一些人因为孩子的教育问题，觉得抚养孩子是非常辛苦的。因为怕比别人落后，所以把孩子送到一个又一个辅导学校去，所以才把世界变成了这样。但是安静地想一想，就会发现说这些话的人只会让自己的生活变得更辛苦，正是因为他们自己过分的欲望，才会把孩子送到一个又一个辅导学校去学习，从而让自己不断地处于紧张当中。

妈妈们的对话是进行信息交流的重要的通道，但有时候也是诱发压力的一种因素。所以我认识的一个画家曾经跟我说，她从不跟小区的其他妈妈们对话。

“妈妈们只要张开嘴说的就是孩子的学习，就是与辅导学校有关的事情。虽然我并不同意那么培养孩子，但是听了其他妈妈们的话之后就会觉得自己好像没有培养好孩子，就会变得不安。而且听完她们的话我也会发生动摇，似乎想改变我一直坚持下来的方式，也要把孩子驱逐到学习上，也想让孩子去辅导学校。每一次都是这样，所以我觉得我不能再跟小区里的其他妈妈们谈论这些问题了。现在我总是故意躲着她们。”

带着稍微有些苦涩的感觉与画家分别之后，在回家的路上，我产生了这样的想法：

“如果在公寓的走廊里碰面的妈妈们不再谈论学习，不再谈论辅导学校，而是说一些其他的话题会变成什么样呢？相互之间分享一些曾经做过的让孩子变得幸福的事情和方法，这样会怎样呢？要是这样，孩子们会非常高兴的吧，所以可以尝试一下。这样的话，画家也会想跟小区的其他妈妈们说话了吧？”

“课外活动”就像它字面的意思一样，是正规的学习之外的活动，所以在挑选课外活动的时候，应该要尽可能地避开与学校学习有关的内容。没有必要再给那些整天被学习“折磨”的孩子附加更多的学习负担了！由于现在的社会是以学习为中心的大氛围，所以站在妈妈的立场上，也很有可能会偏离自己原本的方针，也会变成以学习为中心。所以就有必要经常检视一下自己，是不是对孩子生出了过分的欲望，我们的原则应该是，以孩子的幸福为标准来做出判断。

用课外活动让那些对学习感到疲倦的孩子休息，可以把课外活动看作是让孩子再充电的一个机会。

挑选一些马术、舞蹈、拼装乐高组合玩具、制作肥皂等尽可能不让孩子产生学习压力并能尽情玩耍的活动，空出一段这样的时间来做一些与学习无关的事也不会产生什么损害，因为孩子们可以一边玩一边感受社会生活，一边玩一边获取能量。

在我的经验里，到现在为止看到过的孩子们的活动中给我印象最深的就是“会玩的孩子们”。这曾经是小区里举办的一项活动，由于名字非常有趣，我想让孩子好好过过玩儿的瘾，所以就把孩子送去了。

果然不负众望。这个活动在每个星期六进行，会有很多研究生来带着孩子们玩儿。怎样做才会更好玩儿，对此进行研究并实践的过程本身就是一次非常有趣的尝试！可能因为没有必须要学到什么的目标，所以每次孩子回来脸上都洋溢着幸福。

“老师们都非常亲切，与以前见过的老师不同。你不知道他们有多么亲切，多么会玩儿，虽然都已经是大人了，但是非常会玩儿。比起我们自己玩儿，看大人们玩儿更有趣。以前不知道大人们还这么会玩儿，我们也知道了很多玩儿的方法。”

每当看到尽情玩耍之后涨红了脸的孩子，我也会觉得很幸福，我为能够带给孩子们幸福的我们的大韩民国感到自豪，也感到高兴。

只要稍微留心一下，就会发现我们身边其实有很多好的活动，把孩子的性格以及兴趣、现在的状态全部考虑在内，然后仔细找一找。不要无视那些廉价的东西，就像“会玩的孩子们”这样的活动，一个月只需要花费 2 万韩元。

不管活动的内容是什么，只要参加课外活动就会让孩子学到很多，同时，它也会成为结交到学校之外的朋友的机会，孩子们会明白同一个学校的朋友英恩、敏秀并不代表所有的朋友，仅仅这一个事实就是一个很大的收获！视野就会一下子拓宽。

现在的孩子就像是温室里的花草一样，虽然吸收了很多营养成分，但是缺乏外边的新鲜空气。课外活动是可以吸收外边空气的一个机会。孩子也像植物一样，只有吸收到外边的空气才会变得更强壮，才会有韧性，才会变得更聪明！

不要把课外活动看作是让孩子学习的另一个机会，哪怕是仔细看一看插在报纸中间的宣传单，也很有可能会找到让孩子幸福的礼物。

10. 有时也要放开手中的线

妈妈们偶尔也要下决心放开手中的线。因为想要对孩子进行保护的想法和责任感缩小了孩子的领土，遮挡了他们的视野。

当孩子还在妈妈肚子里的时候，他们与母亲是一体的。虽然剪断脐带之后就被分离了，但是总有一种感觉，好像仍然有一根看不见的线在连接着。不管是妈妈还是孩子，总是在寻找对方，不断地询问："妈妈你在哪里?""宝贝呀，你现在在哪里呀?"只有知道对方在哪里才会放心，如果看不见就会不安。

所以当孩子要去某一个地方的时候，妈妈们总是尽可能地用车把孩子送去，短暂的分开的时段也用手机联系，不断地叮嘱，孩子们的手机就是妈妈的遥控器。可能由于孩子们都是在这样过分的呵护下成长起来的，所以他们即便结了婚有了自己的孩子，也还会向父母要生活费，成为"啃老族"。有很多人虽然年纪已经不小了，但是既没有自立的准备，也没有独立生活的能力，我们叫他们"大孩子"。

虽然父母与子女之间是剪不断的关系，但是如果与孩子距离过近就会妨碍他们的未来以及自立。想想看，如果父母总站在子女面前，就会挡住孩子的视野。生活中有很多事是需要人自己去看，自己去领悟的，父母站在子女的面前就会让他们看不到，也就无法领会得到，不管是对于父母来说，还是对于子女来说，这都是非常不幸的。孩子有自己度过属于自己的那一份生活的权利，父母用爱的名义来妨碍孩子的视野，或者做一些越权的事，这样是不行的。

当然，讲道理的时候大家都是很理性的，可一旦孩子有一点儿不舒服或者为什么事感到辛苦，我也会毫不迟疑心急如焚地朝孩子跑去。然而一个很偶然的机会改变了我的观念。

我们家老二被选为学校的代表参加作文大赛。因为某些原因，我不能像往常一样用车送她，如果是以个人的名义申请，不去也就罢了，但是由于是作为学校的代表去参加的竞赛，所以不能不去。

到了竞赛的当天，活动是下午2点开始，所以我们决定上完学校的半天课之后再去。

但是从早晨开始就淅淅沥沥地下起了雨，这真让人苦恼。要不要更换一下计划，我去送她？要么就让丈夫上班中途出来一下去送她？想了想还是忍住了，我把地铁线路图和雨伞交到她手里让她一个人走了。孩子刚离开我就想，如果调整一下时间，应该是可以送她去的，我是不是太过分了？然后就开始自责，心里不停地翻腾着，应该要换乘了，不会出什么差错吧？为什么偏偏今天下雨呢？一边埋怨着老天一边不知道打开了多少次窗户向外看。终于电话铃响了，赶紧跑过去接起了电话，听到了孩子的声音：

“妈妈，我顺利到达了！因为公用电话不好找所以现在才给您打电话。”

那一个瞬间开始后悔没有给孩子买手机。明知道孩子没有手机还让她到了之后马上给我打电话，我真是有点儿太过分了。

“但是，妈妈，不要太期待我能获奖哦。也有可能拿不到奖的。”

“写作怎么能是你想怎样就怎样的？我不考虑获奖的事情，你只要安全地回来就行了。”

孩子可能觉得我说话的语调非常有趣，所以哈哈地笑了。那一刻，听到孩子笑声的我比任何时候都高兴，因为我感受到了自己一个人赶过去的孩子一点儿也没有因为这个胆怯慌张。

过了两个小时之后，孩子打电话来说竞赛结束了，现在就要回家了。虽然比起去的时候，我的担心减轻了不少，但还是不能完全放心，怕孩子一不小心换乘出了错坐错了车。

“早知道这样，还不如直接送她去了，这样心里会更舒服。现在因为下雨天变得很昏暗，如果孩子迷了路被别人拐走了怎么办？那么刚才听到的孩子的笑声就是最后一次了……”

这样不住地担心，整个人都快瘫软了，就在这时孩子欢快地笑着回来了。非常感激孩子能够安全地回来，这让我太满足了。难以抑制激动的心情，于是我一把将孩子揽到了怀里。

“妈妈，我的脸都红了。”

孩子从我的怀抱里露出已经涨红的脸。看上去好像有好多话要说：

“我去的时候，在换乘的地方找错了入口，但是在乘车之前就发现了，所以很快就出来了。妈妈你不知道我当时有多么紧张，如果坐上车的话就出大事儿了。回来的时候也很紧张，总算是在公共汽车终点站很顺利地换乘了 7 号线。由于是在终点站坐车所以就放心了，因为以前跟妈妈一起去过好多次。我还买了一个冰激凌，在周围闲逛了一圈。”

孩子喝了一口水之后继续说：“现在一个人去过了以前没

去过的地方，所以我完全可以一个人坐地铁了。原来跟着妈妈去一个地方与自己去一个地方是完全不一样的。心总是怦怦跳着，有很多时候需要自己决定是选择这个方向呢还是另一个方向。现在只要有路线图，换乘两次、三次地铁我也完全可以做到啦！”

由于自己一个人直接去尝试了，所以感受特别多，孩子又说了很多其他的事情：“我没看到其他像我一样自己去的小朋友。可能因为我一个人看上去很可怜，所以妈妈们总是问我：‘你一个人来的吗？真的是你一个人来的？’但是妈妈们以及孩子们的样子非常好笑，就像是鸡妈妈与小鸡一样。”

“鸡妈妈与小鸡？”

“直到竞赛开始之前，妈妈们一直在小朋友的身边唠叨个不停：‘写作最基本的是什么’，‘一定要分绪论、本论、结论来写’，‘一定要遵守稿纸的使用方法’，‘书写的时候不要忘了词和词留出间空，知道了吗’……直到监考官老师让妈妈们出去之前，妈妈们还一直在自己的孩子旁边说个不停，所以就跟让小鸡去这里去那里的鸡妈妈一样。”

“要是妈妈也跟着去，可能也会那样做的。”

“应该会。但是由于我是一个人去的，无事可做就安安静静地坐着，所以才看到了他们的样子，真的非常搞笑。”

孩子觉得观察到的状况非常有意思。

我一天中的后悔都消失得无影无踪了。虽然不是有意这样做的，但是很不错，我没有跟孩子一起去，没有在她身边更好。如果跟她一起去，就会让孩子也度过那样的时间了，就会不停地跟孩子说一些‘不要忘了在稿纸上写上名字’这样的话，或者是抱怨为什么堵车。

妈妈们偶尔也要下决心放开手中的线。因为想要对孩子进行保护的想法和责任感缩小了孩子的领土，遮挡了他们的视野。如果要带孩子去某个地方，最好不要用汽车送，也可以给孩子地铁线路图，来扩大他们的行动半径。因为孩子的行动半径被扩大之后，他们的意识也会有所扩大。

11.“失败免疫力”是必要的

比起培养不失败的孩子，最好是培养孩子的“不倒翁精神”，像不倒翁一样即使倒了也能立即站起来，即使失败了也能重新振奋精神。

世界一直在不停地变化着，不管是哪一个领域，哪怕今天与明天都会不同，所以很难预见未来，很有可能以前下定决心要做的事情最后无法继续下去。所说的“一辈子的职场”、“终生职业”这样的概念本身都在发生动摇，即使有可以从事的工作也无法保障安定，这就是现在的世界。

如此看来人生中必定会有浮浮沉沉，曾经志得意满却一夜之间沦为失业者已经不是什么新鲜事，而仍然留在职场中的人也是一样的不安。

因为不知道什么时候会变成什么样子，不管是医生，还是律师，即使拥有这样的专业，也有很多人经历了困难。尤其是，有很多预测说这样的现象在以后还会更多。

我们的孩子必须要在这样快速变化着的，有着无数起伏的社会中生活。在这样快速变化着的，有着无数起伏的世界中肯定有很多失败伴随其中。那么应该怎样培养我们的孩子呢？

比起培养不失败的孩子，最好是培养孩子的“不倒翁精神”，像不倒翁一样即使倒了也能立即站起来，即使失败了也能重新振奋精神。但是，不倒翁精神并不是某一天突然下定决心之后就能产生的，必须要从小教给孩子怎样看待失败，对孩子进行激励。

任何人都觉得自己的孩子是宝贝，含在嘴里怕化了，放在手里怕摔了。但是如果想让自己的宝贝孩子能够生存下来，就要让他们自己经历一些失败，只有这样孩子才会像不倒翁一样不断地站起来。也正是因为孩子的宝贵，才要对他们进行磨炼。虽然是让父母有点儿难以接受的说法，但是事实就是这样。虽然父母们都带着一种想法，觉得要站在自己子女的前边为他们挡风遮雨，但是也必须狠下心来让孩子从小接触失败——对于失败的免疫力只有在经历了失败之后才能培养起来。

那么孩子小的时候可以经历的失败有哪些呢？

其实，那些失败可谓是不计其数。例如晚上写到很晚的日记，第二天上学却忘记带了，这对孩子来说真是一个非常大的失败。每当这样的时候孩子就会哭哭啼啼，或者是用着急的声音打来电话，让父母把日记本送过去。妈妈们一听到这话立即就飞奔着去给孩子送日记本，气喘吁吁地给孩子把日记本递过去，然后才会安心地舒一口气。

但是我认为这样的做法是错误的，孩子们会由于不专注而犯错误，犯了错最好是接受一定的惩罚比较好。有一些模范生认为接受惩罚是其他孩子的事情，与自己是没有关系的，所以这样的孩子就没有机会亲自经历接受惩罚时的痛苦心情，失去经历失败的机会。当然没有必要故意让孩子不带日记本，而且每次都忘带东西的孩子肯定有问题。但是如果偶尔一次忘记带，没有必要非得给孩子送去，干脆当做是让孩子经历失败的机会。

在考试中孩子也会经历相当多的失败。父母的期望值总是非常高，而站在孩子的立场上来看那是很难达成的目标。只要好好利用，考试就会像它的字面意思一样，成为经历失败的试验场。如果孩子为了在下一次的考试中做得更好而努力，并且取得了还不错的结果，那么就要给孩子相应的称赞。但是有时候即使努力了也不一定能考好，虽然下定了决心，但是由于缺乏经验而导致再一次没考好，这就是失败。在这个时候对孩子进行失败的激励要比斥责更有效果。

失败会让孩子产生更多的思考，失败也会成为使他在人生中学到更多的一个机会。

失败是有好处的，它总在不停地催促着我们向上攀登。没有因为成功而挡住自己的视野，也没有让人变得盲目。所以如果能够很好地对失败加以利用，它的爆发力会更强大。经常说“失败是一种药”，就是因为如此。

“我家孩子从上小学开始，一直到初中、高中，12 年间一直都是全校第一名。”

偶尔会在报纸上看到这样的句子。同样是养育孩子的父母，所以很有可能会羡慕，但是其实没有什么好羡慕的。就像是挺直的树木更容易折断一样，那样的孩子如果经历一次失败，有可能很难重新站起来，有可能在遭遇失败后比别人伤得更深。因为他没有对于失败的经验以及韧性和免疫力。

我们应该从小就教给孩子什么是失败，不断地对孩子进行激励，把孩子培养成无论如何都能重新站起来的“不倒翁”。只有这样才能让孩子从变化无常、充满大风大浪、满是失败的时代中走出来，并走下去。

我认为比起金钱，给孩子留下不倒翁精神更有意义。金钱和财物可能会因为一次失误就一分不剩，但是不倒翁精神却可以成为一辈子的资源。

12. 孩子不是“裸机”

如果你是一位把子女的幸福放在首位的妈妈，就不要成为监视孩子一举一动的秘密警察，而要成为帮孩子保守秘密的“秘密守卫者”。

小时候，我有一个习惯，喜欢把家里的杂物聚集到一起，想把类似于徽章、别针、碎布片等细小的东西也统统都变成我的东西。不是属于家人的共同的东西，而是只属于我一个人的秘密的东西。所以我就把它们都放到箱子里，然后藏到衣柜里。如果家人都出去了，家里没有别人，我就会把我的箱子拿出来。在那个时间，箱子里的杂物不再是杂物，它们成了可以跟我对话交流的朋友，箱子就像是一座城堡，是我生命中第一次见到的国度。但是家人们并不理解我收集杂物的习惯以及我的箱子，他们会觉得小孩子哪里来的秘密。而且如果家里的某件东西不见了，或者是没有立即找到要找的东西，就会先怀疑我：

“是不是你又给藏起来了？你不是有个坏习惯吗？”

我只不过是想要拥有只属于自己的秘密，家人们竟然对于我的行动进行了道德上的攻击，从那以后我就不再收集家里的杂物了，而是去了后山，把我收集的石块以及树叶放到只有我一个人知道的地方，爬到松树上与它们聊天直到太阳落下去，然后一直到深夜都会有人吵闹着问我一个人去哪里了并干了些什么。

虽然已经过了好久，而且如今的父母们也发生了变化，但是家长们对于孩子有自己的秘密这件事持有的态度仍旧不是很好。

“为什么不把所有的事情都说出来呢？对爸爸妈妈还有什么不能说的话吗？”

“家人之间是不能有秘密的。对家人有所隐瞒是不好的。所以快点儿说，到底发生了什么事情！”

父母们不能接受自己的孩子有秘密，想要知道孩子们生活的全部，想要进行干预，想与孩子共有，想让孩子像“裸机”一样，可以被彻底地查看，连原理也搞明白了才会舒服，所以连感情也会强迫孩子进行坦白。

想要拥有自己的秘密是孩子们的要求，也是孩子们的愿望，所以孩子们用剩下的蜡烛或者是火柴棒、碎布片制作成只属于他们自己的秘密箱子。孩子离开了曾经安静的子宫来到这个世界上，对他们来说窗帘后面、桌子下面、柜子里面都是非常好的秘密场所。孩子们藏在那里，沉浸在只属于自己的思想中，描绘着只属于自己的世界。

如果孩子再稍微长大一些，就会把秘密场所选定在后山山坡上有凹陷的地方或者是能够承担自己分量的树枝上。即使不能经常去，孩子们只要一想到自己的秘密场所就会变得安静，会在那样安静的地方编织出只属于自己的故事。

孩子们有时候会把那些故事写入自己的秘密日记本里。把自己内心的想法以及感觉全部吐露出来的秘密日记是孩子们的第一号财产，就像是变成了富翁一样，拥有这样的财产让他们的内心变得非常踏实。对孩子来说，非常细小的秘密也会这样成为思想的仓库，会成为孩子们的财产。但是父母们并不希望自己的孩子有秘密。

上小学五年级的慧珍经常对妈妈怀有不满。因为妈妈有时候会翻她的抽屉以及书包。

“妈妈翻我的书包的时候，不管是能翻出什么来还是不能翻出什么来，我都觉得非常伤自尊，内心非常郁闷，就像是自己快要爆炸了一样。所以我就写日记，不是要交给学校老师的日记，而是说一些自己的心里话的秘密日记。好像只有把自己的心里话全部都写出来，才会感到很舒服，身体会变得很轻松，也能按捺住自己内心的火气。从那时开始，就把不能说的话全部写到了秘密日记本上。但是有一天从学校回来之后，发现妈妈正在我的房间里偷看我的日记本，当时我生气极了觉得无法忍受，所以就从家里跑了出去。虽然只是在汗蒸房待了一天，但是也算是离家出走吧。”

而事情发生之后，慧珍的妈妈并没有反思，只是追究孩子的错误：

“进入青春期之后，这孩子就不怎么愿意说话了，所以就必须要了解孩子的内心才行。她总是说想一个人待着，即使问她话也不好好回答，我必须要知道孩子到底在想些什么才行啊！作为孩子的父母不是都对孩子的内心非常好奇吗？所以，去清扫孩子房间的时候发现了她的日记本，就看了。真不知道有什么秘密，日记本上写得密密麻麻。离家出走回来之后仍然跟以前一样，在家时就把自己的房门关得紧紧的，所以就更好奇孩子在干些什么，下次搬家时干脆给她换上个透明的房门好了，让我们可以一眼就看见她在里边干什么——好像只有那样做心里才会舒服。”

父母们总是带着否定的想法看待孩子的秘密，有时候甚至用道德标准对孩子的秘密进行攻击，就像是孩子犯了什么大错一样，把孩子看成是坏孩子。父母觉得对孩子进行全方位的了解然后指导他们的行为是身为父母者的使命，是父母应该担负的责任。但是，尽管意图非常好，也应该要考虑一下这样做给孩子带来的影响。

孩子也是一个独立的人，父母随时都要铭记这一点。说得再严谨一些就是，孩子不是你的附属品，如果总是下意识地强调“我的孩子”的话，就很有可能会不知不觉地侵害到孩子的权利。我们这些做父母的最先要做的就是考虑到孩子的人格以及人权。

诗人吴世荣在一首名为《手机》的诗中曾经强调没有秘密的世界是凄凉的，秘密是非常珍贵的——

“创造来自于自由，
自由来自于孤独，

孤独来自于秘密。
把爱写成文字，
把思想记录下来
全部都是隐秘的事情
世界上到处都是秘密。”

孩子也需要有自己的隐私，孩子也需要有休息的空间，秘密是孩子们的财产，秘密是让孩子成熟起来的养分，秘密是与孩子对话的朋友。秘密让人不知道时间的流逝，让人专心、集中。秘密是创造只属于自己的个性的时间，秘密用它特有的惊心动魄以及甜蜜让孩子变得更幸福。所以，如果你是一位把子女的幸福放在首位的妈妈，就不要成为监视孩子一举一动的秘密警察，而要成为帮孩子保守秘密的“秘密守卫者”。

13. 每个孩子都是唯一的“艺术品”

子女教育中没有适合给所有孩子、所有父母的唯一正确的答案，但一定有适合每位父母和孩子的最佳方法。

每个孩子身处的环境、对待事物的态度、学习的速度以及兴趣点都不相同。有的孩子学得快、学习欲望旺盛，而有的孩子虽然学得慢但该做的事一样也不会落，还有看起来冒失但内心充实的孩子。每个孩子都不一样，没有一模一样的孩子。

养育孩子的父母也是如此，身处的环境、社会地位、经济能力、教育观念、成长过程都不一样。因此，子女教育中没有适合给所有孩子、所有父母的唯一正确的答案。

但一定是有适合每位父母和孩子的最佳方法。寻找它的过程不就是父母该做的事和养育孩子的过程吗？所以，父母不要因为没有唯一的正解而郁闷，反而应体会这没有唯一正解的微妙和魅力。

在养育孩子的过程中总会遇到新的问题，每天都会不同，解决方法每次也不一样，总会有新的挑战，也要不断开动脑筋。可以说没有比养育孩子更难的事了。

虽然谁都想成为好父母，但父母可不是好当的。谁都会失误、看不惯、反省，有时会因为一个遗憾彻夜无眠，也会陷入深深的自责当中。这世界上所有的父母当中没有不想改正自己错误的，而且也会为了改正错误而努力——我写这些文字也是希望能成为更好的母亲，为了实现这个目标，我会倾听邻居的忠告，有时还会搜寻教育方法继续着并不简单的“妈妈学习”。

这世上父母的愿望只有一个，那就是希望孩子幸福。但想到孩子的幸福时，偶尔也会感觉自己牺牲得太多。为了孩子的幸福付出了一切最后感觉自己只剩下空壳的父母并不少见，这也成为我们熟知的父母的形象。

但时代已经改变，教育的大环境成熟了很多。只要努力就能让孩子和父母都幸福。现在我们就是要寻找到让孩子和父母都幸福的途径。

那么，我们首先该怎么做呢？

以下就是我在实践的过程中一直在“修炼”的项目。有时也会失败，但总是把它们放在心中。

第一，要承认每个孩子都有个性，而且要给予充分的尊重。要把孩子当成是这世界上唯一的、珍贵的存在，并以此为出发点。只要牢记这点，在养育孩子的过程中遇到任何问题也能够容易找到解决办法。用“谁谁做得那么好，你怎么就不行呢”这样简单的比较式语言，只会使孩子和父母都陷入不幸之中。

第二，要相信孩子是能够改变的。孩子不是完成品或已成品，而是在“制作”过程中。随着父母采取什么样的态度、如何做，孩子就会改变。所以不用因为孩子现在的状态而绝望或因为失望而愤怒。

第三，父母要以开放的心态时刻做好准备，而且要不断改变。父母改变了孩子就会改变。不能固执地使用自己曾接受过的教育方式，也不能以自己的偏见对待孩子。要有弹性和柔韧性，适应时代和孩子的步伐。

第四，要把握好中心。父母应该既是现实的同时又是理想化的人，需要平衡“学习”与“自由天性”间的关系。有的父母过于执著于学习，由此造成的弊端也很多。不知是否是因此带来的反作用，有的父母标榜“没必要辛苦学习，天性更重要”，对孩子的学习几乎达到了放任的程度，而且认为这才是民主的父母，指责其他父母的做法，并引以为豪。但每个年龄段都有最适合学习的东西，学习过程中错过某个时期就会使下一阶段的学习变得非常困难，学习的空白期越长孩子就越是难以摆脱困境。而且在现实生活中学习不好的孩子在许多方面都会遭遇尴尬。在学校和社会上自不必说，连在家中也会因学习成绩差的事实受到不少压力，而且也不能保证学习不好的孩子品德会更好或更幸福。这两种极端的做法都不好，最终父母要在两者间寻求平衡。

第五，要时常衡量孩子的幸福指数。在现阶段对于孩子来说什么是幸福？孩子在什么情境下能感到幸福？要把这些放在心上，认真观察孩子，然后决定自己的行动。

但也没有必要因为需要承担的教育责任太多，而被父母的使命感压得喘不过气。要知道，你付出多少努力孩子就会有多大改变，孩子身上总是有变得更好的希望。孩子从来也不会放弃希望，他们也乐于向父母约定希望与成长。在我们的一生中，不会有谁会像孩子那样与你约定希望与进步的。

养育孩子并不只是对遥远未来的投资，没有必要为了变得更幸福而等待。只要你敞开心扉，养育孩子的当下也是幸福的时刻。想想看，孩子的笨手笨脚和冒失会带给你多么大的快乐和喜悦！生机盎然的、每天都在进步着成长着的孩子就在你身边，只这一点就会让作为父母的我们获得活力并被幸福感围绕了。

无法忘记一位沉浸于养育孩子的幸福之中的父亲的话："即使我的孩子将来达不到我的期望，或犯了什么错，我也不会有任何怨言。因为孩子在成长过程中该给父母的都给了我们。第一次笑、学习走路迈出第一步，这些都给我们带来了多少幸福。因为已经给过我们太多幸福，所以也不会期待更多。再多要求什么就是贪婪了！"

孩子不仅仅只是给父母带来幸福，如同父母帮助孩子成长一样孩子也让父母成长，"生过孩子才会懂事"、"养过孩子才能成为真正的大人"这样的话也正因为如此才出现的吧。我们通过养育孩子，成为了不仅在生理上成熟，更在心智上真正成熟的人。

艺术家在创作他们的艺术作品时往往倾注了巨大心血，他们在创作的过程中品尝着极大的苦恼也体味着最大的幸福。虽然既辛苦又艰难，但是一直在不断与自己的艺术作品一起成长。

对于每个家庭的父母来说，孩子难道不正是我们弥足珍贵的“艺术品”吗？只要做父母的不断尝试、精心养育，就能让这件珍宝散发出耀眼的光芒。

成长的每一天

对孩子的教育
是让他们获得睁开眼睛去看世界
和用自己的耳朵去倾听世界的方法。

妈妈们要做的工作好像更接近于艺术，而不是科学。

我们的客户就是孩子，
我们需要经营管理的就是子女的教育问题。

虽然我的个体是这世间多么平凡的微不足道的存在，但是我被赋予的母亲的身份却给了我无穷无尽的力量，让我变得伟大和耀眼。

相较而言，爱读书的父母大都很宽容。因为在书中见识了人间万象，充盈了自己的人生经历，所以在对待子女的时候也更有包容力。

在将孩子们说的话写下来的瞬间，纸上将会出现奇迹。

只有从父母那里感受到温暖才会让他们摆脱不安。

要经常给孩子拥抱。

即使觉得肉麻也试着对孩子说你爱他.

要知道，唠叨既无效又令人厌烦。

如果想让孩子拥有纯真的心，那么孩子身边的人们就必须要尊敬并热爱纯真的东西。

在孩子小的时候要放手，让孩子尽情思考，尽情行动。这就像是“放牧”一样。

不要期望孩子的钟摆与大人同步。善于等待的父母，等到的是孩子的幸福。

有时候我们需要站在孩子的立场上思考一下。对他们来说，这个世界非常巨大，他们要学习的东西非常繁多，因为有太多未知，所以他们会迷茫和惆怅。虽然孩子们经常笑着、吵闹着，看上去好像很幸福，但是不能忽视的是，孩子们也有许多烦恼，也承受着很多压力。

让孩子们亲自经历并且感受在平常的生活中隐藏着的幸福。

对于那些因为学习而疲倦的孩子，尤其需要用学习之外的话来让他们轻松地呼吸。

在众多蕴含着惊喜的礼物中，孩子们最喜欢的就是跟父母一起玩耍。

对孩子来说，家庭就是他们养成处事能力的练习场。

就像妈妈为孩子们精心准备饭菜，帮助孩子们养成刷牙的习惯那样，妈妈们也要帮助他们养成读书的习惯。要引导他们感受书的香气，让他们与书交朋友。

如果在孩子睡觉之前给他讲故事，孩子的梦乡就会变得丰富多彩，睡觉之前听的故事会展开想象的翅膀在梦乡里不停地飞来飞去。

想象力以及创造力并不是仅仅闷坐在家里背诵一些单词，解决一些数学问题就会产生的，而是要不停地追逐自己那些来来回回穿梭的想法，或者是享受自己独处时光的时候突然之间产生的。

如果想把自己的孩子培养成一个不管在什么时候，不管在什么地方，都可以条理清晰地把自己的意见表达出来的人，那么就必须要从孩子小时候开始就认真听他说话。

感受到学习的快乐的孩子就像是动力十足的火车一样，懂得沿着自己的轨道行驶。即使父母不在一边照顾，也会自己充电，然后凭借着自己的力量前进。

仔细想一想就会发现，要学会“听话”的人应该是大人们。

孩子有话就让他说吧，你只需要聆听。

给孩子播撒说话的种子……

孩子们是为了教导父母而下落到人间的天使。

一个人读书、听音乐、画画、沉思的孩子是健康的孩子。

家庭是为不断长大的孩子培养幽默感的地方。

不管什么时候都必须要做好准备放声大笑，愉快地笑倒在地。

孩子也像植物一样，只有吸收到外边的空气才会变得更强壮，才会有韧性，才会变得更聪明。

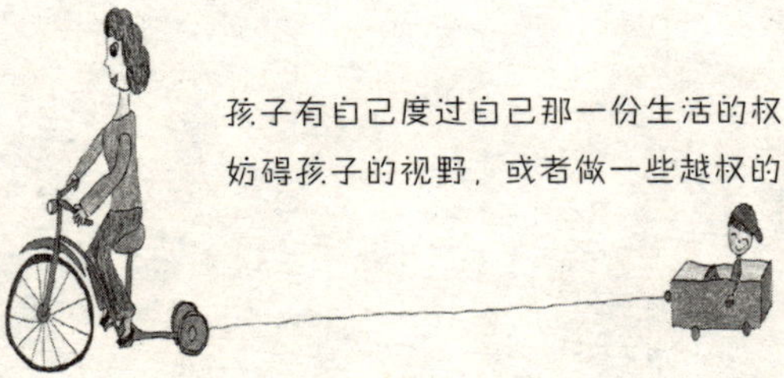

孩子有自己度过自己那一份生活的权利，父母用爱的名义来妨碍孩子的视野，或者做一些越权的事，这样是不行的。

比起培养不失败的孩子，最好是培养孩子的"不倒翁"精神。

子女教育中没有适合给所有孩子、所有父母的唯一正确的答案，但一定有适合每位父母和孩子的最佳方法。

希望孩子们的明天可以变得更幸福。